CBS 시청자위원회, 동아일보 독자인권위원회 위원을 역임했으며 SBS의 「양창순의 라디오 카페」, CBS의 「양창순의 아름다운 당신에게」 등의 프로그램을 진행했다.

삼성경제연구소 SERICEO에서 100회 이상 진행한 「심리 클리닉」을 통해 오피니언 리더들의 열렬한 호응을 받은 바 있다. 기업 강연, 대인관계 및 리더십 컨설팅, 집필과 칼럼 기고 등 다양한 분야에서 활발한 활동을 펼치고 있다.

저서로는 40만 베스트셀러이자 인간관계 심리학의 바이블인 『나는 까칠하게 살기로 했다』와 『나는 외롭다고 아무나 만나지 않는다』, 『CEO, 마음을 읽다』, 『내가 누구인지 말하는 것이 왜 두려운가』, 『엄마에게』 등 다수가 있다.

 홈페이지 www.mindncompany.com

KB191708

담백하게
산다는
것

담백하게 산다는 것

불필요한 감정에 의연해지는 삶의 태도

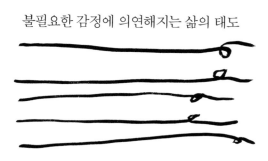

양창순 지음

다산북스

늘 어딘가에 얽매여서
남들 따라 흔들리면서
재고 따지고 비교하고 평가하면서
그렇게 아등바등 살아왔다.

그러나 이제는 대단한 사람이 되기 위해
양손에 이것저것 꽉 쥔 채로 살고 싶지 않다.

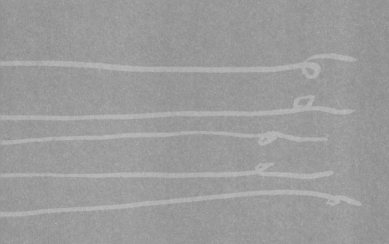

내려놓아야 할 것은 내려놓고
버려야 할 것은 미련 없이 버리고 싶다.

내 삶에 정말 필요한 것과 쓸모없는 것을 구분하면서
단순하고 담백하게 삶을 살아가고 싶다.

내 삶의
마지막
버킷 리스트

우리는 누구나 자신의 삶이 직선으로, 그것도 완벽하게 깔끔한 직선으로만 계속 이어지기를 바란다. 더불어 한 점의 얼룩도 없기를 소망한다. 젊은 날, 나 역시도 한때는 그런 삶을 꿈꾼 적이 있다. 그것이 처음부터 이루어질 수 없는 바람임을 몰라서가 아니었다. 그저 누구나 그러하듯 나역시 내 인생이 조금은 밝고 평안하기를, 그리고 행복하다고 느끼는 순간도 더러 있기를 바란 것뿐이었다. 내 인생에도 때때로 비는 내리겠지만, 그리하여 물 얼룩이 튀기도하겠지만 그 정도는 감수할 수 있을 터였다. 그리고 내 나름대로 감수해왔다고 생각한다.

돌이켜보면 가끔은 행복하다고 느낀 순간도 없지 않았다. 아마 누구라도 그러할 것이다. 살아 있다는 것이 너무나도 눈물 나게 행복하고 감사한 순간이 왜 없겠는가. 거기에 우리가 살면서 느끼는 자잘하고 소소한 일상의 기쁨들, 인생의 어느 순간을 희열로 꽉 채우는 성취는 또 어떠한가. 그런 기쁨과 성취가 있기에 우리는 삶을 살아갈 위로와 힘을 얻는다.

물론 인생에는 그 반대의 지점도 있다. 누구의 인생에서나 생겨날 수 있는 수많은 변수와 얼룩, 그로 인한 상처와 아픔까지. 이렇게 전혀 다른 모습으로 구성된 두 가지 면이 한 사람의 일생을 이룬다. 아마도 그것을 부정할 수 있는 사람은 아무도 없을 것이다. 더러 행운의 별을 타고나 "무슨 소리? 내 인생은 마냥 행복하고 즐겁기만 한 걸?"이라고 반응하는 사람도 있을지 모르겠다(이 나이가 되기까지 한 번도 그런 사람을 만나보지는 못했지만). 그러나 한 가지 분명한 것은 있다. 그 누구도 어느 정도 삶을 살아보기 전에는 자기 인생에서 경험하게 될 행복과 기쁨, 성취와 감사, 변수와 얼룩, 상처와 아픔의 총량이 얼마가 될지 알 수 없다는 사실이다.

나 역시 개인적으로나 직업적으로나 한참을 살아낸 후에야 그 사실을 서서히 알아가기 시작했다. 특히 스스로 만들어온 내 삶의 얼룩들, 그리고 나의 의지와 전혀 상관없이 타인에 의해 만들어진 얼룩들까지도 모두 현실이고 인생이라는 것을 받아들이기가 쉽지 않았다. 물론 직업적으로는 인간과 삶에 대한 수많은 경험과 이해, 때때로 해결 방법까지도 갖추고 있다고 생각하지만 개인적으로는 그러지 못할 때가 더 많았다.

물론 그 이유를 모르지는 않는다. 우선 나는 태생적으로 비관주의자다. 한번 불안한 생각이 들기 시작하면 곧장 비극적인 상상으로 치닫는 고약한 버릇이 있다(나와 비슷한 성향을 가진 이들이라면 비극적인 상상을 만들어내는 것이 큰일이든 작은 일이든 아무 상관없다는 사실도 이해할 것이다).

또 하나, 무슨 일에서든 지나치게 감정적인 반응을 보이는 것도 내 나쁜 버릇 중 하나다. 내 인생을 돌아봤을 때 가장 후회되는 것 중 하나가 어쩌면 그렇게나 감정적으로, 반응적으로 살아왔는가 하는 것이다. 그로 인해 내 인생에 생겨난 수많은 얼룩을 생각하면, 그냥 작은 점이 되어 지상에서 사라지고 싶을 때도 있었다. 그러다 보니 어느 때부터인가 '제발 좀 담백하게 살아보자'는 말이 내 삶의 버킷 리스트가 되기에 이르렀다.

아직까지도 많은 독자에게 사랑받고 있는 책 『나는 까칠하게 살기로 했다』의 주제는 이 세상에서 내 편이 되어 줘야 할 사람은 나 자신뿐이므로, 불필요한 상처로부터 나를 보호하고 나 역시 상대에게 불필요한 상처를 주지 말자는 것이었다.

우리가 신체적으로 다치지 않기 위해 노력하는 것은 몸이 다쳤을 때 그 고통이 얼마나 큰지를 잘 알기 때문이다. 그런데 마음의 고통에 대해서는 미처 그런 생각을 하지 못하는 경우가 많다. 때로는 마음의 고통이 몸의 고통보다 천배 만 배 더 아플 때도 있다는 것을 겪어본 사람은 알 것이다. 오죽하면 '애가 끊어진다'고 표현할까. 그래서 사람들은 그런 고통을 덜 느끼고 싶어 한다. 그것이 정신 의학에서 말하는 '방어 기제'다. 마음의 고통을 느끼고 싶지 않다는 소망이 너무 강해, 마치 자신에게 아무런 문제가 일어나지 않은 것처럼 내면을 억압하거나 문제를 회피하는 것이다. 그렇다고 해서 고통이나 상처가 완전히 사라지지는 않는다. 그러니 가능한 한 서로 간에 불필요한 상처를 주고받지 않는 것이 인간관계의 최선일 수도 있다.

그러나 그러한 노력에도 불구하고 우리는 어쩔 수 없이 상처를 주고받는다. 프랑스의 시인 아르튀르 랭보가 선언했듯이, 상처 없는 인생이 어디 있으랴. 그로 인한 흉터와 얼룩이 없는 인생도 없다. 그러므로 또 다른 최선은 인생 자체에 얼룩이 질 수밖에 없음을 받아들이고 인정하는 것이다. 그리고 그 앞에서 조금이라도 의연할 수 있다면 그것만으로도 충분하다.

내가 그러한 사실을 조금 더 일찍 깨달았다면 얼마나 좋았을까. 그랬다면 그처럼 감정적으로, 반응적으로 좌충우돌하며 살아오지는 않았을 것이므로. 아마도 그 모든 실수와 얼룩도 반쯤은 줄어들었을 것이다. 이제 와서 뒤늦게 '담백하게 살아가기'가 인생의 버킷 리스트를 차지하지도 않았을 테고 말이다. 하지만 어쩌랴, 일어난 일은 이미 일어난 일인 것을. 중요한 것은 '지금부터 내딛는 한 걸음'이 아니던가. 동서고금을 막론하고 모든 훌륭한 책이 그렇게 말하고 있으니, 아마 그 말이 맞을 것이다. 그래서 나 역시 이제부터라도 '그렇게 살아보고 싶은 것'이다.

내가 생각하는 담백함은 컴퓨터 언어인 '이진법'과 관계가 있다. 이진법은 0과 1만으로 무한 반복이 가능하다. 주역 괘卦의 언어도 이진법이어서, 오로지 양陽과 음陰으로 세상만사를 다 그려낼 수 있다. 즉, 지극히 단순하면서도 모든 것을 다 포용할 수 있는 셈이다.

그러나 불행하게도 인간의 삶은 이진법이 아니다. 십진법, 아니 수백 진법이 되기도 한다. 햄릿의 유명한 독백 '죽느냐 사느냐' 사이에 너무나도 많은 갈등이 존재하는 것이다. 죽기에는 삶에 대한 미련이 너무 크고, 살기에는 힘든 일이 너무 많다. 내가 죽고 싶은 것이 정말로 죽고 싶은 것인지도 잘 모른다. 그러기에 '내 안에 내가 너무 많은 것'이다. 그러한 복잡한 마음속 계산에서 단순한 이진법으로 전환하는 것이 바로 '담백함'이다.

예를 들어 우리가 결정을 내리고 선택한다는 것은, 내가 선택하지 않은 부분에 대해 완전히 미련을 버리는 것이다. 둘 중 하나만 취하는 셈이다. 그것이 바로 이진법의 담백함이다. 즉, '지극히 단순하면서도 모든 것을 포용하는 마음'이 바로 담백한 삶의 기술이 아닐까 한다.

'담백淡白'이라는 한자도 흥미롭다. 담淡이라는 글자는 삼수변에 불화火가 두 개 있다. 타오르는 불길을 물로 끄는 형상이다. 여기서 담은 '물이 맑다' '싱겁다'를 의미한다. 백白은 '희다'는 뜻이다. 그러고 보면 맑은 것으로 하얀색만 한 게 없다. 하지만 왜 '담' 자의 경우, 두 개의 불화에 삼수변을 썼을까? 아마도 그런 맑은 마음을 가지기가 쉽지 않다는 뜻이 아닐까? 내 마음에 타오르는 불을 물로 끄는 노력이 없어서는 안 됨을 의미하는 것이다. 나처럼 감정적이고 반응적인 사람에게는 '담백함'만큼이나 효율적인 처방이 없는 셈이다.

『나는 까칠하게 살기로 했다』에 이어 '담백한 삶'을 주제로 책을 쓰게 된 계기도 그 때문이다. 그런 의미에서 이 책은 그 누구보다 먼저 나를 위한 책이기도 하다. 상담을 해보면 대부분의 사람들은 어떻게 해야 문제를 해결할 수 있는지, 스스로 해답을 갖고 있는 경우가 많다. 단지 그것이 정리가 안 되어 있거나 어떻게 시작해야 할지 방향을 못 잡을 뿐이다. 그것을 제대로 정리하고 방향을 제시해주는 것이 정신의학과 전문의인 나의 역할이다.

　지금 나는 바로 이 책이 내게 그런 역할을 해주기를 기대한다. 그리고 이 책을 읽은 독자 여러분에게도 그렇게 될 수 있기를 소망한다. 그리하여 우리 다 같이 인생의 발걸음이 조금은 담백하고 가벼워질 수 있기를 진심으로 바란다.

2018년 10월
정신의학과 전문의 양창순

목차

1장
담백하게 산다는 것의 의미

5장
담백하게, 지금 이 순간을 살아가는 법

음식에서 담백한 맛을 내기가 어려운 것처럼
우리의 삶이나 인간관계에서도
담백해지기란 쉽지 않다.
음식도 인간관계도
어느 정도 내공을 갖춰야
비로소 담백하면서도
마음을 끌어당기는 '맛'을
낼 수 있는 법이다.

담백하게 산다는 것의 의미

1장

먹방과 스트레스, 담백함의 연결고리

요즘 미디어에서 최고의 트렌드 중 하나는 '먹방(먹는 방송)'이다. 텔레비전을 켜면 여행 프로그램이든 토크 프로그램이든 다 먹방과 연관된다. 잘 먹어서, 맛있게 먹어서, 맛깔나게 음식 맛을 표현해서 대세가 되고 있는 사람들도 많다.

이렇게 먹방이 유행하게 된 데에는 여러 가지 이유가 있다. 첫 번째는 당연한 이야기지만 우리 생활이 과거보다 윤택해졌기 때문이다. 예전에는 단지 배가 고파서, 일을 하기 위해서 음식을 먹었다면 지금은 맛있는 음식을 먹으면서 즐기고 싶다는 욕망이 훨씬 앞선다. 과거에는 먹는 것이 생존의 일부였다면 이제는 문화가 된 것이다. 내 경우, 요즘 어쩌다 장을 보러 가면 깜짝 놀랄 때가 많다. 먹을거리들이 어찌나 종류별로 다양한지 소스 하나 고르기도 쉽지 않다. 간장 하나 고르는 데만 몇 분을 고민하곤 한다.

그래서일까? 사람들을 만나도 다들 하는 말이 "우리 맛있는 거 먹으러 가자"다. 상담을 하면서 젊은 남녀들이나 부모 자녀 관계에서 어떻게 시간을 보내느냐고 물으면 역시나 다들 "맛있는 거 먹으러 다닌다"라고 대답한다.

지난번 어느 모임에서는 이런 일도 있었다. 한 사람이 "요즘 식당은 참 많아졌는데 두 번 가고 싶은 곳은 별로 없어"라는 말을 했다. 그러자 다른 사람이 얼른 그 말을 받아 "아니, 그렇게 식당이 많은데 뭣하러 같은 식당을 두 번이나 가?"라고 해서 다들 웃음보가 터진 적도 있었다. 평소 즐겨 다니던 식당도 '맛집'이라고 소문나면 더 이상 갈 수가 없다. 집 주위에 유명 연예인이 소개했다는 식당이 있는데, 식사 시간만 되면 그 집으로 들어가는 차 때문에 주변 길이 꽉 막히곤 한다.

먹을거리가 풍성해지고 맛을 즐기는 이들이 늘어났다는 것은 그만큼 우리 생활이 윤택해졌다는 뜻이므로 반가운 일이다. 하지만 정신 의학적으로 보면 꼭 그렇지만은 않은 요소들이 있다. 먹방이 유행하는 또 다른 이유를 정신 의학적으로 분석해보면, 그만큼 우리 사회의 스트레스 지수가 높다는 것을 의미하기 때문이다. 외국에서 우리나라를 볼 때 가장 신기해하는 것이 먹방이라고 한다. 어떻게 다른 사람이 먹는 모습을 한 시간 내내 볼 수 있느냐는 것이다. 물론 어느 나라에서는 기차가 지나가는 모습만 한 시간 동안 방송하는 프로그램도 있다고 하는데, 우리는 누가 먹는 모습을 보며 대리 만족을 느낀다. 왜 그럴까? 그건 곧 우리에게 쌓인 스트레스가 너무 많은데, 정작 그것을 해결할 방법은 적다는 사실을 뜻한다.

그런 의미에서 나는 먹방의 유행이 일종의 '정신적 퇴행 현상'과도 관계가 있다고 생각한다. 스트레스를 받으면 우리는 본능적으로 스트레스가 상대적으로 덜한 어린 시절로 돌아가고 싶어 한다. 병이 나거나 힘든 일이 생길 때 엄마부터 생각나는 것도 같은 이유에서다. 내가 잘나갈 때는 어린 시절은 고사하고 엄마 생각도 잘 하지 못한다. 그러다가 사는 게 힘들어지면 그제야 엄마의 손맛이 그리워지고, 어린 시절 먹었던 음식들도 생각이 난다. 텔레비전에서도 요즘은 엄마의 손맛 콘셉트가 유행이다. '엄마의 밥상'이라고 해서 타향에서 일하는 자녀들에게 엄마가 직접 해준 음식을 배달해주는 프로그램도 있다. 시청자들의 스트레스를 음식으로 풀어주는 격이다.

스트레스란 한마디로 '평상심을 잃게 만드는 모든 것'이다. 마음이 불안하면 우리의 뇌는 이를 '전쟁 상태'로 받아들인다. 우리의 신체 중에서 스트레스에 가장 민감한 조직이 뇌이기 때문이다. 그리고 스트레스 반응이란 그러한 전쟁 상태에서 뇌가 마음의 평화를 되찾기 위해 분투하는 일련의 행동을 의미한다. 스트레스를 받으면 온몸이 긴장되고, 머리가 아프며, 심장이 빨리 뛰는 등의 신체적 변화가 일어나는 것은 그러한 전쟁 상태에 대비하라는 몸의 신호다.

전쟁에서 이기기 위해서는 군인들에게 보급품을 제때 공급하는 일이 가장 중요하다. 우리 몸에서 뇌는 사령부이고, 보급품은 음식과 산소다. 그리고 뇌는 그런 보급품을 충분히 저장해두려는 속성이 있다. 스트레스 상태에서 숨이 가빠지는 것은 빨리 산소를 공급하라는 신호라고 할 수 있다.

음식이 당기는 것도 마찬가지다. 우리 몸에서 가장 많은 포도당과 산소를 필요로 하는 뇌가 원활히 돌아가야만 스트레스라는 전쟁 상태에서 이길 수 있다. 스트레스를 받으면 뇌에서 자극적이고 빨리 섭취할 수 있는 음식을 먹으라고 신호를 보내는데, 그래서 초콜릿 같은 단 음식과 짜고 매운 음식이 당기는 것이다. 실제로 매운 음식을 먹으면 뇌에서 엔도르핀 분비가 촉진된다는 사실도 밝혀진 바 있다. 그러니 음식의 열량이며 질에 관계없이 자극적인 음식부터 찾게 되는 것이다.

반면, 마음이 편안할 때는 대체로 간이 덜하고 담백하면서도 영양이 풍부한 음식을 찾게 된다. 우리의 뇌가 그렇게 신호를 보내기 때문이다. 더 이상 적과 싸울 필요가 없으니 긴장을 풀고 여유를 찾으라는 메시지다. 그러므로 신체적 건강이나 정신적 건강 모두를 위해서는 스트레스를 줄여 뇌에 휴식을 주어야 한다. 우리가 흔히 '노이로제'라고 말하는 현상은 스트레스를 비롯한 여러 가지 문제들로 인해 뇌에 과부하가 걸린 상태를 의미한다. 그런 과부하 없이 뇌가 맡은 바 역할을 잘해내고 있을 때 우리는 정신적으로 건강함을 누릴 수 있다. 따라서 담백함이란 마음의 여유가 있을 때 누리는 행복감일 수도 있고, 또 그렇게 하기 위해 반드시 필요한 요소이기도 하다.

그런데 문제가 하나 있다면, 음식에서 담백한 맛을 내기가 어려운 것처럼 우리의 삶이나 인간관계에서도 담백해지기가 쉽지 않다는 것이다. 음식도 인간관계도 어느 정도 내공을 갖춰야 비로소 담백하면서도 마음을 끌어당기는 '맛'을 낼 수 있는 법이다.

담백함에 어울리는 맛과 계절,
그리고 사람들

우리가 인생에서 경험하는 여러 가지 감정들은 대부분 맛으로 비유되곤 한다. 달콤한 경험, 씁쓸한 기억, 짜디짠 과거, 싱거운 관계까지……. '담백한 삶'이라는 말에서 사람들이 가장 먼저 떠올리는 것 역시 '맛'이 아닐까 한다.

그렇다면 무엇이 담백함에 가장 어울리는 맛일까? 우리는 단순히 밍밍하고 싱거운 맛을 두고 담백하다고 말하지 않는다. 오히려 정성이 깃든, 오랜 시간 우려낸 깊은 맛이 담백함에 더 가깝다. 그리고 유독 한국인들만이 그러한 깊은 맛을 이해하지 않을까 싶다.

깊고 마음을 촉촉하게 만드는 담백한 맛에 대해서는 사람들마다 떠올리는 느낌이 다르겠지만, 공통분모 한 가지는 분명하다. 담백한 음식을 먹을 때 몸과 마음이 깨끗하게 치유되는 것 같은 느낌을 받는다는 점이다. 그래서 역시 음식은 스트레스와 떼려야 뗄 수 없는 관계다. 음식의 양도 마찬가지다. 화가 나서, 슬퍼서, 불안해서 과식하고 나면 그다음에는 배부름이 싫고 나른함이 싫고 게으름이 싫어진다. 그러면서 다음부터는 가볍게 먹으리라 다짐한다. 그 또한 담백함이 아닐까 싶다.

이 역시 내 생각이지만, 계절 중에서는 겨울이 가장 담백함에 가깝지 않을까 한다. 추운 날 오히려 쨍하고 마음이 맑아지는 경험을 해보지 않은 사람은 없을 것이다. 겨울은 봄날의 들뜸도 없고, 여름날의 화려함이나 열정, 피곤함도 없으며, 가을날의 서글픔도 없다. 조용히 숨을 죽이고 다음 해의 봄이 오기를 기다리는 마음만 있을 뿐이다. 그렇다고 해서 겨울이 마냥 수동적인 기다림을 의미하지는 않는다. 가장 움직임이 적으면서도 새로운 생명을 품고 있는, 자연의 지혜가 담긴 기다림이다. 밤이 가장 긴 동짓날에 양의 기운이 움트기 시작하고, 겨울을 상징하는 오행인 수水의 오행이 생명의 근원이라는 점도 이와 연관된다.

그런 점들 때문에 나는 겨울을 담백함과 연결 짓곤 한다. 한 해를 돌아보고 다음 해를 준비하는 과정에서 마주하는 약간의 가라앉음과 통찰력, 약간의 후회와 설렘, 약간의 담백한 기대와 희망을 느낄 수 있는 계절은 겨울뿐이다. 그리고 그러한 시간들이 있기에 우리는 약간의 성숙이라도 이루며 앞으로 나아갈 수 있는 것이다.

인간관계에서도 마찬가지다. 담백한 관계란 자신의 감정을 느끼는 그대로 날것으로 표현하거나, 자신이 경험하는 일에 대해 즉각적인 반응을 보이는 것과는 다른 차원이다. 무엇보다도 내 마음을 조용히 가다듬으려는 의지와 노력이 있어야만 담백한 관계를 맺는 일이 가능하다. 그런 의미에서 보면 담백함은 잔잔하고 한결같은 것이기도 하다.

'담백한 사람'의 이미지를 생각했을 때 떠오르는 사람들은 대부분 잔잔하고 한결같은 면모를 지니고 있다. 내 지인 중 한 명인 A 씨 역시 그런 사람이다.

그는 자기 분야에서 최고의 전문가로 손꼽힌다. 이따금씩 내가 의견을 구했을 때 그가 하는 이야기를 들으면, 어떻게 그토록 신선한 생각을 할 수 있을까 싶은 때가 많다. 하지만 그는 자신의 박식함을 드러내어 자랑하지 않는다. 단지 상대가 자신에게 의견을 구할 때만 창의적이고 속 깊은 이야기를 꺼내놓는다. 그것도 아주 자분자분하게. 평소에도 좋은 일이 있으면 가볍게 미소는 짓지만, 지나치게 흥분하지도 화내지도 슬퍼하지도 않는다. 깨끗하고 맑다는 느낌은 있지만 강렬한 인상을 주지도 않는다. 남의 말을 주의 깊게 끝까지 잘 들어준다는 큰 장점이 있지만, 자신의 주장을 설득해야 할 필요가 있을 때는 물러서지 않는다. 조용하지만 단호한 태도와 인간적인 담백한 면모 덕분에 그의 주위에는 늘 따르는 사람이 많다.

언젠가 자기 아이가 말이 너무 없어 고민이라며 상담을 청한 부모가 있었다. 심리 검사를 거쳐 아이와 면담을 하는 동안, 나는 크게 걱정할 것이 없다는 결론을 내렸다. 아이가 매우 똑똑한 데다 심지도 굳었기 때문이다. 내가 그때 아이의 성장한 모습을 상상하면서 떠올린 사람이 바로 A 씨였다. 그래서 아이의 부모에게 그에 대한 이야기를 들려주었다. 평소에는 말이 없지만 필요할 때는 자기 이야기를 매우 설득력 있게 하는 사람이라는 말도 덧붙였다.

얼마의 시간이 지난 뒤, 그 부모가 고맙다며 나를 찾아왔다. 내 이야기를 듣고 아이를 참고 기다려주었더니, 시간이 흐르면서 자기 자신을 적절하게 주장하고 이야기도 설득력 있게 하기 시작했다는 것이다. 나는 장차 그 아이가 A 씨처럼 속 깊고 담백한, 자기만의 매력을 가진 멋진 어른으로 성장할 것이라 믿는다. 누군가에게 위로와 치유, 힘이 되어주는 사람으로 말이다.

인간관계에는
꼭 맞는 레시피가 없다

언젠가 우연히 「강식당」이라는 텔레비전 프로그램을 본 적이 있다. 강호동 씨가 식당 대표이자 주방장이고, 그의 동료들이 스텝 역할을 맡아 잠깐 동안 식당을 꾸려간다는 내용이다. 문제는 강호동 씨가 태어나서 한 번도 부엌이라는 곳을 들어가본 기억이 없다는 데 있었다. 그러니 음식을 만들어본 일은 더더욱 없을 터, 그와 스텝들은 메뉴 선정에서부터 혼란을 겪는다.

시끌벅적한 토론을 거쳐 나온 메뉴는 비교적 손쉬워 보이는 돈가스와 오므라이스였다(물론 결코 쉽지 않다는 것을 이 내 깨닫지만). 일단 그는 '집밥 백 선생'에게 요리를 배우러 찾아갔다. 그 사이 제주도에서는 풍광 좋은 해변에 근사한 식당이 만들어졌다.

곧 일행이 도착하고 식당 오픈 날짜가 가까워지자 스텝들은 도무지 마음을 놓지 못했다. 걱정이 된 그들은 한목소리로 그에게 묻고 또 묻는다. 정말 요리를 할 수 있겠느냐고. 그러자 그는 가방에서 주섬주섬 무언가를 꺼내며 걱정하지 말라고 소리친다.

"나에겐 완벽한 레시피가 있단 말이야!"

그는 요리의 전 과정을 하나하나 사진으로 찍어가며 레시피 노트를 만들었던 것이다. 물론 그전에 만반의 준비를 했겠지만, 그는 전문가가 전수해준 레시피대로 음식을 만들었고 놀랍게도 그 맛을 재현해내는 데 성공했다. 다 같이 성공의 기쁨을 만끽하는 모습이 정말 보기 좋았다. 그 모습을 보며 문득 '인간관계에도 저런 만능 레시피가 있다면 얼마나 좋을까?' 하는 생각이 머릿속을 스쳐갔다.

어느 유명 셰프가 일일이 양념을 재서 음식을 만드는 것은 "모든 사람에게 똑같은 맛을 제공하기 위해서"라는 말을 들은 적이 있다. 하지만 그렇게 만든 음식조차도 먹는 사람의 취향에 따라서는 다 다르게 느낀다. 하물며 음식도 그러할진대 인간관계는 어떠할까? 그런데도 나를 찾아오는 사람들 중에는 관계를 해결하기 위한 '정확한 레시피'를 요구하는 사람이 더러 있다.

나 역시 긴 세월 동안 한 가지 일에만 몰두해왔으니 나만의 '내공'이 없다고는 할 수 없다. 문제는 내가 종사하는 업業에서는 그 내공으로도 정확한 레시피를 절대 만들 수 없다는 데에 있다. 그러기에는 변수가 너무 많기 때문이다. 오히려 요즘은 상담을 하기가 더 어려워지는 기분이다. 아직 뭘 모를 때에는 젊은 치기 덕분에 자신감이라도 있었다. 하지만 수많은 변수를 다 경험한 지금은 도저히 그런 치기를 부릴 수 없다. 당연히 모든 일이 더 조심스럽고 더 어렵게 느껴질 수밖에 없는 것이리라.

그동안 인간관계에 관한 책도 쓰고 강의도 해온 터라 언제부터인가 나는 그 분야의 전문가로 분류되고 있다. 그러나 요리에서처럼 정확한 레시피, 정량의 양념을 만들어낼 자신은 아직도 없다. 상담을 하면서 솔직하게 그런 심정을 이야기하기도 한다. 그런데도 여전히 "그래도 뭔가 비법은 있을 것 아니냐?"라고 묻는 사람들이 있다. 그들의 말도 거의 정해져 있다. "요즘처럼 바쁜 세상에 날더러 시간과 돈을 들여가면서 몇 번씩이나 상담을 받으란 말이냐? 그냥 한두 가지 비법만 알려주면 그대로 하겠다는데, 그게 뭐 어려운 일이냐? 당신은 전문가니까 그래야 하는 거 아니냐?"라고 말이다.

그들을 볼 때마다 '나도 그럴 수 있다면 참 좋겠다'는 생각이 절로 든다. 나도 마법 같은 레시피 노트를 보여주면서 "이대로만 하면 누구든 인간관계의 달인이 될 수 있습니다"라고 말할 수 있다면 얼마나 좋을까.

다행스럽게도 그런 사람들은 일부이고, 나를 찾아오는 대부분의 사람들은 그런 마법을 요구하지 않는다. 그들 역시 인간관계에서 파생되는 변수가 얼마나 무수한지를 경험으로 알고 있기 때문이다. 그들은 단지 할 수 있다면 덜 상처받고, 덜 아프기를 바랄 뿐이다.

흥미로운 것은 정확한 레시피를 요구하는 사람일수록 인간관계를 손쉽게 여긴다는 점이다. 그들의 이야기를 들어보면 나는 그냥 나 생긴 대로, 나 하고 싶은 대로 하고 상대방은 그것을 받아주기를 바라는 경우가 많다.

사실 인간관계에 따르는 비법이 없지는 않다. '상대를 존중해주고 경청하고 배려해주기'가 바로 그것이다. 다만 이 비법이 통하지 않는 데에는 이유가 있다. 실천하기가 너무 어렵기 때문이다. 실제로 강의에서 이런 이야기를 하면 진지하게 자신을 돌아보는 사람도 있지만, 냉소적인 반응을 보이는 사람도 적지 않다. 칭찬, 배려, 경청, 그런 거다 귀찮다는 것이다. 하지만 역설적으로 그런 사람들 역시 남들이 자신을 싫어하거나 무시하면 화를 낸다. 그러니 인간관계에서 정확한 레시피나 비법을 만들어낸다고 한들, 실행하기는 여전히 어려운 것이다.

그래서 내가 생각한 것이 '일종의 매뉴얼'이다. 비법이 담긴 레시피가 아닌 일반적인 매뉴얼이라면, 우선은 나부터 조금씩 실천해볼 수 있으리란 생각에서였다. 그리고 그

매뉴얼의 주제가 바로 '가능한 한 담백하게 살아보기'다. 한마디로 말해 덜 감정적으로, 덜 반응적으로 살아가자는 마음가짐이다. 앞서도 말했지만, 우선은 나부터 좀 담백해지고 싶다는 뜻이다.

모자라지도 넘치지도 않게
딱 그만큼만

얼마 전 내과 전문의인 선배로부터 흥미로운 이야기를 들었다. 우리 몸을 이루는 기관 중 심장과 근육은 자기에게 딱 필요한 만큼만 포도당을 섭취하고 나머지는 내치는 기제가 작동하는데, 간은 그러지 않다는 것이었다. 따라서 너무 많은 음식, 특히 단 것이나 탄수화물 등을 과하게 먹거나 운동을 하지 않으면 지방간이 생기기 쉽다고 한다. 그런데 요즘 우리나라에서 지방간을 앓는 사람이 늘고 있다고 했다. 과거에는 알코올성 지방간이 많았는데, 먹을거리가 풍요로워지고 활동량은 줄어들면서 음식에 의한 지방간 환자가 늘어나고 있다는 것이다.

그 말을 듣고 나니 새삼 우리 생활에 얼마나 절제가 필요한지를 깨닫게 되었다. 특히 사람과 사람 사이에서도 그런 절제가 꼭 필요하다는 생각이 들었다. 예를 들어 화려한 겉치레로 포장된 관계는 어딘가 어색하고 불편하다. 요즘은 물건을 봐도 포장 기술이 너무 발달해서 어느 것 하나 예쁘지 않은 것이 없다. 하지만 대부분의 포장지는 곧바로 쓰레기통에 버려진다. 모아두려고 해도 잘 되지 않는다.

음식도 마찬가지다. 식당에 가보면 음식에 화려한 장식을 하는 곳이 참 많은데, 처음에는 감탄하다가도 먹고 난 후에는 오히려 그 화려함이 부담스러운 뒷맛을 남기기도 한다. 그처럼 화려한 음식을 먹고 집에 돌아온 날에는 오히려 물에 찬밥을 말아 김치 하나, 짠지 하나를 얹어 먹고 나서야 '아, 시원해! 이 맛이야!'라고 한다는 사람들도 있다.

인간관계도 이와 비슷하다. 상대에게 강한 인상을 주기 위해 화려하게 포장된, 부자연스러운 관계는 결코 오래가지 못한다. 일단 강한 인상을 주려고 하면 그 과정에서 에너지가 너무 많이 소모된다. 우리는 상대방이 나를 있는 그대로 사랑해주고 받아들여주기를 바라면서도, 있는 그대로 나를 보여주고 싶어 하지는 않는다. 상대방이 나를 싫어하고 떠날까봐 두려워서다. 그런 모순이 어디 있겠느냐마는 이는 임상에서 내가 늘 경험하고 있는 일이다.

사진을 찍어도 누군가 나를 보고 있으니 완벽한 사진이 나와야 해서 사진 찍기가 두렵고, 누군가에게 어떤 말을 하면 상대가 날 어떻게 평가하고 판단할까 두려워서 말을 못하겠다는 식이다. 그래서 누군가를 만나기 전에 시나리오를 쓰다 보니 관계 자체에 피곤함을 느낀다. 마음이 늘 불안하므로 담백함과는 거리가 멀다.

그러나 사실 허심탄회하게, 있는 그대로의 나를 보여주는 관계가 오히려 더 오래가는 경우가 많다. 마음이 편한 덕분에 자연스러운 관계가 이루어지기 때문이다.

결론적으로 음식이든 인간관계든 넘치지도 모자라지도 않게 딱 필요한 만큼만 절제한다면 많은 부분이 심플해질 수 있다. 이것이 바로 담백한 삶을 살아가는 데 가장 우선해야 할 과제다. 그리고 알고 보면 그리 어려운 일도 아니다. 몇 가지 매뉴얼만 지킨다면 말이다.

  예를 들어 우리는 살아가면서 의도와는 다르게 말실수를 할 때가 많다. 그런데 그것을 상대방이 끝까지 붙잡고 늘어지면 참으로 난감하지 않을 수 없다. 그러니 최소한 그런 말실수에는 서로 너그럽게 이해하고 넘어가는 편이 좋다. 우리가 열 마디를 하면 그중에서 쓸 데 있는 말은 사실상 한두 마디밖에 안 되기 마련이다. 즉, 그 한두 마디가 나오려면 쓸데없는 말 여덟 마디가 필요하다는 뜻이다.

  인간관계도 꼭 그렇다. 열 사람을 만나면 마음에 드는 사람은 한두 명이 고작이다. 그런데 내가 만나는 열 명의 사람들과의 관계에서 모두 완벽하게 성공해야 한다고 바란다면, 그보다 더 피곤한 일이 어디 있겠는가. 그런 마음으로 실수와 단점에 대해 여유로워진다면, 일도 인간관계도 더 담백해지지 않을까 싶다.

  또한 남의 이야기를 경청하는 만큼, 내 이야기는 가능한 줄이고 절제하는 편이 좋다. 남의 이야기를 장황하게 듣고 싶어 하는 사람은 없다. 심지어 가족도 그렇다. 나 역시 그런 실수를 한 경험이 있다. 지금 생각해도 얼굴이 뜨거워질 정도다.

언젠가 지인을 통해 나를 꼭 만나고 싶어 한다며 연락을 해온 사람이 있었다. 나 역시 평소 그 사람에게 호감이 있던 터라 만남이 쉽게 이루어졌다. 문제는 그다음이었다. 그 무렵 나는 개인적인 일로 몹시 힘든 시간을 보내고 있었다. 상황이 그렇다 보니 나도 모르게 그 사람을 앞에 두고 처음부터 끝까지 내 힘든 이야기만 하고 말았다. 물론 그 사람이 편안한 표정으로 경청해주었기에 가능한 일이었다. 하지만 헤어지고 돌아서는 순간, 그제야 '아차' 싶었다. 속으로 '대체 내가 무슨 짓을 한 거야'라는 비명이 절로 나왔다. 어디 땅속으로라도 꺼지고 싶은 심정이었다.

상대방이 날 만나자고 했을 땐 그 나름대로의 용건이 있을 터였다. 그런데 나 혼자 아무런 경계선도 없이 내 이야기만 정신없이 늘어놓았으니, 그가 얼마나 당황했을까 싶다. 지금만 같아도 그런 실수에 대해 곧장 사과할 용기를 낼 수 있었을 것이다. 그러나 당시에는 부끄러움이 너무 커서 그럴 수 없었다. 결국 그 일은 내 인생을 통틀어 가장 후회되는 경험 중 하나로 남고 말았다. 다행히 그 일 덕분에 두 번 다시 비슷한 실수를 하지 않으려 노력하고 있으니 적절한 교훈은 얻은 셈이다.

마지막으로, 너무 애쓰며 살아가지 말라고 이야기하고 싶다. 우리는 누구나 심리적으로 슈퍼맨 혹은 슈퍼우먼이 되고 싶다는 욕구를 가지고 있다. 그러나 어른이 되어 조금만 살아보면 그것이 이룰 수 없는 꿈임을 깨닫게 된다. 하지만 여전히 그런 환상을 버리지 못한 채 매사에 전전긍긍하며 살아가는 사람이 많다.

그들은 남과 나를 비교하며 자책 모드를 가동하는 것으로 하루를 시작하고 마감한다. 담백한 삶 같은 건 애초에 머릿속에 없다. 그러면서 무슨 수를 써서든지 항상 자신을 몰아붙여야만 성공할 수 있다고 믿는다. 그런 사람들은 알아야 한다. 열정과 독선, 확신과 아집이 종이 한 장 차이이듯 삶에 최선을 다하는 것과 자신을 몰아붙이는 것은 비슷해 보여도 엄연히 다르다는 것을 말이다.

최선을 다한 사람은 결과가 어떠하든 기쁜 마음으로 받

아들인다. 반면, 몰아붙이기만 하는 사람은 실패했을 때 '내가 그만큼 애썼으면 당연히 성공해야 하는 거 아니야?' 라고 세상을 원망한다. 자신을 도와주지 않은 것 같은 상대를 미워하기도 한다. 비수와 같은 자책 모드로 스스로를 불행하게 만들고 만다. 이런 사람들의 경우 마음의 평화를 아예 경험할 수 없다는 것이 문제다.

언젠가 차 안에서 어느 가수가 "행복하자, 아프지 말고" 라고 노래하는 것을 들은 적이 있다. 그때 난 나도 모르게 스스로에게 이렇게 중얼거리고 있었다.

"담백하자, 애쓰지 말고."

너도 나도
이번 생은 처음이다

상담을 하다 보면 "아무래도 이번 생은 실수한 것 같다. 한 번만 더 태어나면 다시는 안 그럴 텐데……"라는 요지의 말을 하는 사람들을 종종 만난다. 그런데 살면서 이런 생각을 안 해본 사람이 있을까? 아마도 거의 없을 것이다. 하지만 다음에 다시 태어난다고 해도, 그 삶 역시 처음이기는 마찬가지라는 데 문제가 있다.

어디선가 '우리가 전생을 기억하지 못하는 이유는 태어날 때의 고통을 줄이기 위해 뇌에서 분비하는 일종의 호르몬 때문이다'라는 글을 읽은 적이 있다. 그것이 전생의 기억을 지워버리는 작용을 한다는 것이다. 과학적으로 밝혀진 바가 있는지는 모르겠지만, 꽤 그럴싸한 이야기라고 생각했다.

태어날 때 뇌에서 분비되는 호르몬 때문이든 아니든, 누구에게나 이번 생은 처음이다. 언젠가 친구에게 "지금 다시 부모가 된다면 더 잘할 수 있을 것 같은데, 준비되지 않은 상태에서 부모가 된 게 문제인 것 같아"라고 이야기했더니, 단호한 대답이 돌아왔다.

"그럼 아무도 부모가 되려고 하지 않을 걸?"

그 말을 듣고는 너무 통쾌해서 큰소리로 웃었다. 그처럼 시원한 정답이 어디 있을까 싶었다.

전혀 아무런 준비도 하지 못한 채 뛰어드는 게 부모 노릇뿐만은 아닐 것이다. 그 누구도 삶이 무엇인지 알고 나서 삶을 선택할 수 없다. 말 그대로 아무것도 모르면서 발을 들여놓는 것이 삶이다. 그러니 어쩌겠는가, 그저 묵묵히 살아내는 수밖에.

조금이라도 싫은 소리 듣기를 견디지 못하겠다는 문제

로 상담을 요청한 사람이 있었다. 그는 대학을 졸업하고 사회생활을 시작한 지 얼마 안 되었다고 했다. 문제는 상사나 동료들로부터 약간의 싫은 소리만 들어도 죽고 싶다는 생각이 든다는 것이었다. 자신은 실수만 일삼는 어설픈 사람인 것 같고, 상대방은 남의 실수를 약점 삼아 지적만 해대는 '못된 인간(그의 표현을 빌리자면)'인 것만 같아 너무도 화가 난다고 했다.

> "물론 취직해서 처음 하는 일들이니 당연히 서투를 수밖에 없다는 거, 저도 인정합니다. 서투르다 보니 누군가에게 지적받는 일 역시 당연하다는 것도요. 그런데도 지적을 받으면 당장 자포자기에 빠지거나 너무도 화가 납니다. 스스로 마음을 컨트롤할 수 없으니 더 미칠 지경입니다."

그러면서 그는 어린 시절의 경험을 이야기했다. 그의 말에 의하면, 그의 부모는 그가 책상에 앉아 있지 않으면 무슨 큰일이라도 난 것처럼 반드시 꾸짖는 사람들이었다. 그러다 보니 대학을 졸업할 때까지도 늘 무언가에 쫓기는 사람처럼 불안에 시달려야 했다는 것이다. 상담을 진행하는 동안 그가 결핍되어 있다는 느낌, 늘 좋지 않은 결과가 생길지도 모른다는 불안감, 사람들이 결코 자신의 존재를 인정해주려고 하지 않는다는 불행한 예감 등으로 매우 힘들어하고 있음을 알게 되었다. 그런 점들을 말해주자 그는 거의 눈물까지 글썽이면서, 자신의 문제가 바로 거기에 있음을 토로했다.

이러한 그의 문제는 그의 주장처럼 어린 시절 부모로 인한 경험이 주원인이기도 했지만, 태생적으로 쉽게 예기 불안(실패할 것이라는 예감 때문에 생기는 신경증으로, 평범한 일상적 행위를 할 때 한 번 실패했던 일이 연상되어 또다시 실패를 예감하고 불안을 느끼는 상태)에 시달리는 기질적인 특성과도 관계가 있었다. 심리 검사 후 그에게 이런 문제는 태생적 기질에도 원인이 있다는 점을 설명해주자, 매우 안도하는 표정을 지었다. 그때까지 그는 오랫동안 자신이 무언가를 잘못해서 인생을 망치고 있다는 생각에 지배당하고 있었다고 했다. 그래서 하루하루가 너무 힘들고, 누군가로부터 작은 지적이라도 받으면 견딜 수 없는 상태가 되었다고 했다. 그러나 이런 문제가 기질적인 면과도 연관이 있다면, 그런 자책을 어느 정도는 멈춰도 되지 않을까 싶어 갑자기 마음이 편해졌다는 것이다.

나는 그에게 "우리 모두 이번 생은 처음입니다. 그러니 그 과정에서 실수하고, 넘어지고, 상처 입는 것은 너무도 당연한 일이에요. 어느 작가의 말처럼 처음 하는 일도 잘해내는 존재는 신밖에 없습니다. 신이 아닌 우리는 자기중심을 꽉 잡고 단지 한 걸음씩 떼어놓는 것만이, 우리가 할 수 있는 일의 전부일지도 모릅니다"라고 이야기해주었다. 그리고 이제부터 내가 내딛는 한 걸음 한 걸음이 모여 나의 경험이 되고, 그 경험이 나를 좀 더 나은 방향으로 이끌어줄 것이란 믿음을 갖자고 조언해주었다. 그건 그 청년뿐만 아니라 내가 나 스스로에게 들려주고 싶은 말이기도 했다.

우리에게 경험, 특히 인간관계에서의 경험이 중요한 이유는 나 스스로를 가늠해볼 수 있기 때문이다. 마치 시험을 보지 않으면 내가 어느 정도의 실력인지 알 수 없는 것과 비슷하다. 따라서 내가 어떤 사람인지 알기 위해서는, 그리고 상대가 어떤 사람인지 알기 위해서는 인간관계 속에서 경험을 축적해나갈 필요가 있다. 흔히 이유 없이 좋거나 이유 없이 싫은 사람이 있다고 말한다. 하지만 자신의 내면을 들여다보면 분명 그럴 만한 이유가 있다. 즉, 자신이 지나온 과거의 경험과 그로 인해 형성된 가치관이 누군가와의 관계에조차 영향을 미치는 것이다. 그러므로 우리는 내가 하는 모든 경험이 모여 나를 이룬다는 생각으로, 좌절하지 말고 앞으로 계속 나아가야 한다.

또 상담을 하다 보면 자신에 대해 비교적 제대로 아는 사람이 있는가 하면, 본래의 모습보다 더 과장하여 자신을 좋게 생각하는 사람들도 있다. 물론 반대의 경우도 있다. 실제로는 참 괜찮은 사람인데 스스로는 자신이 못났다고 여기는 것이다. 그처럼 우리가 자기 자신을 제대로 알아간다는 것 역시 힘들고도 중요한 일이다.

자신을 세심하게 알아가기 위해 가장 좋은 방법 중 하나가 바로 '인간관계 맺기'다. 우리는 '인간'이라는 존재를 광

대무변한 우주에 비유하곤 한다. 우주처럼 깊고 넓은 인간에 대해 제대로 알아가려면, 결국 수많은 사람과 만나면서 경험을 쌓아나가는 방법밖엔 없다. "산전수전 공중전까지 다 겪고 나니 그제야 무서운 게 없어지더라"라는 말이 괜히 있는 게 아니다. 그러니 내가 하는 실수가 실수로만 끝나는 것이 아니라 내 삶에 새로운 경험을 축적하는 것이라고 생각하면, 나에 대해 보다 더 여유롭게 바라볼 수 있지 않을까 싶다.

담백한 관계란
적절한 배려가 전제된 사이

담백한 인간관계를 맺기 위해서는 무엇보다도 상대에 대한 적절한 배려가 전제되어야 한다. 물론 그러한 사실을 모르는 사람은 없다. 다만 '배려'가 무엇인지에 대해서는 모르는 사람이 정말 많다. 언젠가 한 모임에서 어떤 사람이 누군가에 대해 이야기를 하면서 "그 사람은 진짜 배려가 없어"라고 말했더니, 또 다른 사람이 "그렇다면 대체 배려란 뭘까?"라는 질문을 던졌다. 나도, 그 모임에 있던 사람들도 배려가 정확히 무엇인지에 대해 쉽사리 대답을 내놓지 못했다.

내가 리더십 코칭을 맡았던 회사에서도 '배려'가 화두였다. 실제로 그 회사의 모토는 '배려하는 회사'였다. 사내 담당자에게 "그 배려란 게 대체 뭔가요?"라고 질문했더니, 그는 한참을 생각하다가 이렇게 대답했다.

> "그러게요. 생각해보니 배려란 게 참 어려운 말이네요. 나는 상대에게 조언해주고 가르쳐주는 것이 배려라고 생각했는데, 상대는 자기가 하고 싶은 대로 내버려두는 것을 배려라고 생각하더군요."

어떤 사람들은 배려라는 말만 들어도 싫은 반응을 보이곤 한다. 무조건 상대에게 맞춰주고, 그가 원하는 대로 해주는 것이 배려라는 생각 때문에 듣기만 해도 반발심이 생긴다는 것이다. 그 이야기를 들은 다음부터 나는 배려를 '사회적 지능' 혹은 '적절한 공감 능력'이라고 표현하기 시작했다. 조금 더 직접적으로 말하자면 '눈치껏 행동하기'쯤이 될 것이다. 그리고 내가 상담한, 인간관계가 힘들다고 불평하는 사람들 중에는 이 사회적 지능에 문제가 있는 경우가 더러 있었다.

　30대 중반의 한 여성이 있었다. 그녀는 최근 친구와 심하게 말다툼을 했다. 친구가 그녀에게 "넌 외롭다고 징징대면서 만나자고 해놓고는 남 이야긴 하나도 안 듣고 네 이야기만 죽어라 하는 이기적인 애야"라고 말해 충격을 받았다고 했다. 그녀는 친구가 많으면 좋겠다는 생각에 시간이 날 때마다 이 사람 저 사람을 만나고 다녔는데, 그게 외롭다고 징징대는 걸로 보였을 줄은 꿈에도 몰랐다고 했다. 대체 왜 친구가 많았으면 좋겠느냐는 나의 질문에 그녀는 이렇게 대답했다.

　"그야 외로우니까요."

　그러면서 "외로움을 견디는 게 너무 힘들어요. 외롭다 싶으면 곧바로 누군가를 만나야 해요. 그런데 외로워서 만나는 게 이기적인 건가요? 상대방도 좋아서 만난 거 아니냐고요"라며 반문해왔다. 더욱이 그렇게 시간과 노력을 써가며 사람들을 만나도 모든 관계에서 만족을 얻는 건 아니라고 말했다.

"사람들을 만나면 '내가 왜 이 얘기를 듣고 있어야 하지?' 싶을 때도 많아요."

아마 누구나 그럴 것이다. 외로운 마음에 친구를 만났는데, 친구가 나와 아무 상관없는 자신의 시어머니 흉만 보고 있다면 누군들 그 이야기를 듣고 싶어 할까. 나는 그녀에게 자신은 대체로 어떤 이야기를 다른 사람들에게 하는지 물어보았다. 그러자 자신은 일상을 누군가에게 시시콜콜하게 이야기하는 것을 좋아한다고, 하지만 남들 흉보는 일 따위는 하지 않는다고 주장했다.

이렇게 자신은 문제가 없는데도, 주변에서 자기더러 '남이 듣고 싶어 하지 않는 이야기를 하는 데 재주가 있다'며 나무란다는 것이었다. 자신은 단지 상대방의 행동이 이해가 안 되고 안타까울 때만 고작 몇 마디를 하는 것뿐인데, 왜 그런 나쁜 평을 들어야 하는지 모르겠다고 말했다. 거기에 '징징대고 이기적인 애'라는 말까지 듣고 나니 너무 억울하다고 했다.

나는 그녀의 이야기를 들으면서, 새삼 인간관계에서 적절한 공감과 적당한 배려를 하는 일이 얼마나 어려운지 이해할 수 있었다. 그녀와 친구들이 서로에게 원하는 것 역시 적당한 배려뿐이었지만, 그들 사이에는 전혀 그러한 욕구가 채워지지 못하고 있었던 것이다.

담백한 관계란 '지나치지 않고 적절하게' 상대의 입장과 욕구를 배려하는 데서 시작한다. 더불어 상대가 나를 어떻게 생각하는지에 대해서도 적절히 마음을 쓰며 내 행동을 조심해야 한다. 그런데 그게 말처럼 쉽지가 않다. '적절하다'는 것이 사람마다 다 다르기 때문이다. 누구는 싱거운 음식을 선호하고 누구는 단맛을 선호하는 것처럼, 인간관계나 삶에서 '적절함'이라는 정도를 쉽게 단정 짓기는 어렵다. '객관적'이라는 말도 마찬가지다. 대체 뭐가 객관적이냐는 질문을 참 많이 받는다. 그럴 때마다 내가 하는 말이 있다.

"우리가 상대의 일에 대해 조언하는 것처럼 내 일에 대해 조언할 수 있다면, 그것이 적절한 것이고 객관적인 것이다."

상담을 하다 보면 "그동안 내가 다른 사람의 일에 대해서는 멋지게 조언할 수 있었는데, 왜 내 일에 대해서는 어떻게 해야 할지 몰라 당신을 찾아왔는지, 너무 자존심 상합니다"라는 말을 더러 듣는다. 그럴 때마다 나는 이렇게 이야기해준다.

"사실 자신의 일에 대해서도 조언할 수 있습니다. 단지 그렇게 하고 싶지 않은 내 마음이 적절하고 객관적인 해결 방법을 따르지 않게 만들기 때문입니다. 당신은 이미 자신이 어떻게 해야 하는지 잘 알고 있습니다. 그러니 감정만 적절하게 조절하면 됩니다."

지금 인간관계가 힘들다면, 자신의 행동이 적절했는지 되돌아보라. 그럼 그 힘든 이유를 찾을 수 있다. 모든 것을 남의 탓으로 돌리는 사람들은 대개 오지랖이 넓거나 자기주장이 지나친 면이 있다. 자기 자신이나 상대에 대한 기대치가 너무 높아 모든 걸 자신이 좌지우지하기 바라면서, 상대가 자신에게 다 맞춰주어야 한다고 생각한다. 그러니 남들의 지적이 피곤하고, 짜증나고, 이해 가지 않는 것이 당연하다(자신은 서슴없이 남들에게 그렇게 하면서 말이다).

언젠가 어느 회사의 사장이 나를 찾아와 "직원들이 자신을 싫어하는데 그 이유를 모르겠다. 그 친구들이 문제인 것 같으니, 내게 상담을 받게 하겠다. 꼭 고쳐주기 바란다"라며 명령조로 말한 적이 있었다. 나는 그에게 자신의 리더십부터 돌아보는 일이 꼭 필요하다고 조언해주었다. 다행히 그는 나의 조언대로 평가를 받아보겠다고 했다. 나는 그가 돌아가는 길에 설문지를 들려서 보냈다.

그런데 그는 내가 준 설문지를 전혀 작성하지 않고 다시 찾아왔다. 결국 병원에서 설문지를 작성했는데, 문제는 너무 시간이 오래 걸린 나머지 우리 직원들의 퇴근 시간까지 훌쩍 넘겨버리고 말았다. 그 사람 때문에 병원의 모든 직원이 퇴근을 못하고 있는 상황에서 오히려 무신경하고도 태연한 그의 모습을 보고는, 직원들이 왜 그 사장을 싫어하는지 이유를 알 수 있었다. 설문지 검사에서도 당연히 그런 결과가 나왔지만, 그는 이를 받아들이지 못했다.

반면, 지나치게 상대의 입장을 배려하는 사람들도 있다. 그런 부류의 사람들은 상대방이 필요하지도 않은 것을 자기 입장에서 먼저 생각해주거나, 일일이 간섭하는 경우가 많다. 따라서 상대방의 입장에서는 오히려 이를 배려가 아닌 '오지랖'이 넓은 것으로 여기기 마련이다. 물론 그런 사실을 모르는 당사자는 자신이 관대하고 착한 사람이라고 생각한다. 바로 이것이 문제다. 그러면서 무의식적으로는 상대방에게 좋은 사람이라는 칭찬을 듣기 바란다. 만약 그런 피드백이 오지 않으면 상대방이 자신을 싫어하고, 자기가 들인 정성만큼 돌려주지 않는다는 문제로 힘들어한다.

자신은 출장을 갈 때마다 선물을 사와서 모든 팀원에게 나누어주는데, 왜 상대방은 그것을 고마워하지 않는지에 대한 문제로 나를 찾아온 사람이 있었다. 그에게 "어떤 사람에게는 그 선물이 부담일 수도 있습니다. 자신도 출장 갔다 오면 사와야 하나 싶어지니, 당연히 선물 받는 게 부담스럽지요. 그리고 출장을 갈 때마다 왜 선물을 사와야 하는지, 그 이유부터 생각해봅시다"라고 말했다. 그러자 그는 자신이 '좋은 사람' '센스 있는 사람'이라는 말을 듣고 싶어서인 것 같다고 대답했다. 상대방은 그렇게 생각하지 않을 수도 있다는 것이 현실임을 미처 알지 못한 것이다.

한편 지나치게 남의 평가에만 민감한 사람들도 있다. 그들은 매사에 언제나 '나 어때?'라는 안테나를 곤추세운 채 살아가기 때문에 일상 자체가 버겁다. 실제로 남이 나를 어떻게 생각하는지에 대해 마음 쓰는 사람들이 보이는 행동은 크게 두 가지다.

첫 번째는 남들에게 좋은 말만 듣고 싶어서 천사표처럼 행동하고 나서는 '나는 왜 이렇게 거절을 못할까? 이런 나를 남들이 우습게 보지는 않을까?' 하면서 끊임없이 자책과 자기 회의에 빠지는 것이다. 두 번째는 반대로 자신은 안하무인으로 행동하면서(정작 스스로는 자기 마음 가는 대로 쿨하게 행동한다고 생각한다) 남들은 그런 나를 좋게 봐주어야 한다고 여기는 것이다. 두 경우 모두 남들은 나를 좋게만 평가해주는 존재여야 한다고 생각한다. 즉, 내가 어떻게 하든 남들은 나를 반드시 칭찬해주기를 바라는 것이다. 그러니 인간관계가 버겁고 어려울 수밖에 없다.

결국 적절하다는 것 자체가 쉬운 일이 아닌 셈이다. 그러니 가장 좋은 방법은 나부터 조금은 더 담백해져야 하고 심플해져야 하는 게 아닐까 한다. 예를 들어 남을 비난하거나 흉보는 이야기는 혼자 일기장에 적고, 대신 고맙다는 말을 많이 할 것. 절대로 잘난 척하지 말고 힘들다고 징징대지도 말 것. 바라는 것도, 기대하는 것도 없이 있는 그대로 서로를 바라볼 것. 이런 마음들조차도 일기장에 적어 내려가다 보면, 어느 순간 '적절하게' 행동할 수 있지 않을까 싶다.

변화는 오직
한 걸음이면 충분하다

어느 깊은 산속 마을에 사이가 나쁜 이리와 여우가 함께 살았다. 마주치기만 하면 서로 티격태격하지 않는 날이 없었다. 마을의 다른 동물들도 둘 사이의 잦은 마찰에 신경이 잔뜩 곤두서 있었다.

어느 날 둘에게 마을의 우두머리인 사자로부터 호출 명령이 떨어졌다. 여우가 사자의 거처에 가보니 이리가 먼저 와 있었다. 여우는 이리와 사자의 대화를 엿듣기 위해 재빨리 몸을 숨겼다. 역시나 이리는 사자 앞에서 여우 흉을 보는 데 열중해 있었다. 없는 이야기까지 마구잡이로 지어

내는 중이었다. '뚜껑'이 열린 여우는 당장 뛰쳐나가 상황을 바로잡기로 했다. 그렇게 막 앞발을 내디디려는 찰나, 여우는 무슨 생각에선지 오히려 한 걸음 뒤로 물러났다. 평소 사자에게 지병이 있다는 사실이 떠올랐던 것이다.

여우는 몹시 억울했지만 잠시 참기로 했다. 그리고 이리가 돌아갈 때까지 기다린 다음, 더없이 진중한 자세로 사자에게 고해바쳤다. 사자가 앓고 있는 병을 고치려면 이리가죽을 둘러쓰는 방법밖엔 없다고 말이다. 평소 꾀바르고 경박한 여우가 이리도 진중하게 구는 모습을 본 사자는 혹시나 하는 마음이 들었고, 결국 이리는 죽은 목숨이 되었다. 짐작했겠지만 이 이야기의 출처는 이솝우화다.

살다 보면 누구나 여우의 입장이 될 때가, 그것도 여러 번 있기 마련이다. 왜 내가 참아야 하는지 억울해 미치겠는 때가 한두 번이 아니다. 상담을 할 때도 제일 많이 듣는 이야기가 "왜 저만 참아야 하죠?"라는 말이다. 그때마다 나는 이 여우를 생각한다. 참아서 득을 본 꽤 훌륭한 케이스이기 때문이다. 즉, 참는다는 것은 비생산적이고 파괴적인 감정을 절제하고, 자신에게 도움이 되는 때를 기다리는 일임을 잘 보여주는 이야기다.

나만 억울하다는 생각이 들 때 필요한 마음은 여우의 사례처럼 '딱 한 걸음 물러서기'다. 물론 여우처럼 상대방을 해할 방법을 찾자는 말은 아니다. 단지 억울한 일을 당했을 때의 마음가짐만 배우자는 것이다. 억울하고 화가 나면 상황을 제대로 보기가 어렵다. 불이 나면 연기로 인해 아무것도 보이지 않는 것처럼, 마음의 분노가 솟아오르면 뇌에서 기억력과 판단력에 작용하는 부위뿐만 아니라 지혜에 연관된 부위까지 기능이 감소되고 만다. 따라서 그럴 때일수록 '딱 한 걸음만 뒤로 물러서서' 상황을 보고 기다려야 한다. 이것이 바로 이솝우화가 우리 인간에게 들려주는 교훈이라고 생각한다.

딱 한 걸음만 물러서서 보면 대부분의 상황이 똑바로 보이기 시작한다. 그리고 똑바로 볼 수 있다면, 인생의 많은 부분이 달라질 수 있다. 물론 말처럼 쉬운 일은 아니다. 그러기에는 우리의 발목을 잡는 감정이 한두 가지가 아니기 때문이다.

'나는 왜 이렇게 되는 일이 없을까?'
'왜 나에게만 이런 힘든 일이 생기는 걸까?'

우리는 자주 이렇게 한탄한다. 어찌된 셈인지 나만 빼고 다른 사람들은 다 잘만 살아가고 있는 것처럼 보인다. 나만 빼고 돈도 잘 버는 것 같고, 나만 빼고 다들 성공한 인생을 척척 살아가는 것 같은데, 언제나 나만 뭐 하나 쉽게 되는 일이 없다고 생각하는 것이다. 물론 나라고 해서 그런 생각이 쓸데없는 자기 연민에서 비롯된 것임을 모르지는 않는다. 그런데도 한번 그런 생각이 들기 시작하면 웬만해서는 멈추기가 어렵다.

인간관계에서도 똑같다. 사교성이며 친화력이며 유머 감각까지, 어떻게 나만 빼고 그렇게 다들 '갑'인 것 같은지. 결국 나만 늘 어리석고 실수투성이라는 생각에, 아무리 나자신이라고 해도 도무지 예쁘게 봐주기가 어렵다.

이런 생각의 골에 빠져드는 건 나 자신을 포함해 주변 사람들을 봐도, 또 임상 경험을 봐도 거의 예외가 없는 것 같다. 나이도 성별도 상관없다. 얼핏 생각하기에 사회적으로 지위도 높고 돈도 많으면 그런 생각을 안 하고 살 것 같지만, 딱히 그렇지도 않다. 생각보다 많은 사람이, 생각보다 불필요한 것들에 발목을 잡힌 채, 생각보다 힘들게 살아가고 있다. 나를 포함한 그들을 보면서 '인간은 밖에서 자신을 괴롭히지 않으면 스스로를 괴롭히는 데 천재다'라는 생각이 들 때가 많다.

그러니 남이 나를 괴롭히는 건 어쩔 수 없다 쳐도, 스스로를 괴롭히지 않는 것만으로도 삶이 조금은 가벼워지지 않을까 싶다. 그리고 그 방법은 '모든 불필요한 감정으로부터 의연해지고, 조금 더 담백하게 살아가기'가 아닐까 한다. 앞서 소개한 이솝우화 속 여우처럼 한 걸음만 뒤로 물러서서 현재 일어나고 있는 일에 대해 나의 반응을 조절할 시간을 갖는다면, 불필요한 감정에서 나를 구할 수 있지 않을까. 언제나 그 한 걸음을 떼어놓을 수 있는가 아닌가에 따라 문제는 건설적으로 해결되기도 하고 파괴적으로 치닫기도 하는 법이다. '시작이 반이다'라는 속담이 괜히 있는 게 아니다.

상담을 하다 보면 사람마다 각기 얼굴이 다르듯이, 일어난 일에 대한 반응이나 감정도 정말 제각각이구나 하는 생각을 참 많이 한다. 저 옛날 그리스의 철학자 에픽테토스가 이미 그에 관해 적절한 명언을 남긴 바 있다. 요즘 식으로 풀이하자면 '힘든 일 자체가 스트레스가 아니라, 그 일에 대한 나의 생각이 나를 힘들게도 만들고 즐겁게도 만든다'는 것이다.

생각해보면 정말 맞는 말이 아닐 수 없다. 그러니 마음이 억울하고 힘들수록 천천히 심호흡을 하면서, 한 걸음 물러나 현재 내게 일어난 일을 있는 그대로 받아들이고 나 자신의 반응을 조절해야 한다. 이것이야말로 문제를 해결하는 가장 좋은 방법이 아닐까 한다. 그리고 대체로 변화는 그 한 걸음으로부터 시작된다. 그런 의미에서 나는 브라질의 소설가 파울로 코엘료의 다음 말에 전적으로 동의한다.

"나는 늘 개인에게나 사회에 심원한 변화는 잠깐 사이에 일어난다고 믿어왔다. 전혀 예상치 못했던 순간에 삶은 우리를 난관에 봉착시켜 우리의 용기와 변화의 의지를 시험한다. 그럴 때 아무 일도 일어나지 않은 척하거나, 아직 준비가 되어 있지 않다는 핑계를 대며 슬그머니 달아나는 것은 어리석은 짓이다. 도전은 기다리지 않는다. 삶은 뒤돌아보지 않는다. 일주일, 그 정도면 우리가 운명을 받아들일지 말지 결정하기에 충분한 시간이다."

한 걸음을 시작으로 때로는 모든 것이 바뀔 수 있다. 여우가 목숨을 구한 것처럼. 그리고 그렇게 나를 변화시킬 수 있는 사람은 이 세상에 오직 나밖에 없다.

실수와 단점에 대해
여유로워진다면,

일도 인간관계도
더 담백해지지 않을까?

이 세상에
나를 비난하는 사람이 있다고 하여
위축될 필요는 없다.
좋은 경험은 좋은 경험대로,
나쁜 경험은 나쁜 경험대로
나를 성장시키는 주춧돌이 되기 때문에.
그렇게 생각하려고 노력하는 것이
담백한 삶의 기술이다.

2장

담백한 삶이 가져다주는 최고의 선물

기대치를 낮추니
이윽고 보이는 것들

담백함은 '지나친 기대치를 내려놓을 때 느끼는 기분'이라는 것이 내 생각이다.

언젠가 완벽하게 자신을 이해해주는 사람을 만나고 싶은데, 그런 사람을 만나지 못했다며 나를 찾아온 여성이 있었다. 그녀는 상담 과정에서도 '이 세상 그 어디에도 그런 사람은 없다는 사실'을 받아들이지 못했다. 거기에 인간관계에서 약간의 상처만 받아도 곧바로 공황 장애를 일으켜, 주위 사람들로 하여금 늘 자기를 돌보게 만들었다.

그런가 하면 사회적으로 만나는 관계에서는 상처를 덜

받는데, 가까워지기만 하면 꼭 상처를 받는다는 문제로 고민하는 사람도 있었다. 그에게 "가까운 사이란 어떤 사이를 의미하나요?"라고 질문했더니, 곧바로 "날 이해해주고 감싸주는 관계요"라는 대답이 돌아왔다.

물론 가까운 사이라면 그것이 가능할 수도 있다. 그러나 반드시 전제되어야 할 한 가지가 있다. 내가 상대방에게 바라는 것을 나 역시도 똑같이 해줘야 한다는 것이다. 일방적으로 주기만 하거나 받기만 하는 관계는 없다. 상대방이 내게 주는 만큼 나도 상대방에게 주어야 하는 것이 인간관계의 현실이다.

그런데 우리는 누군가와 가까워지면 언제부턴가 주는 것보다 받는 것에 더 익숙해진다. 그리고 상대방이 내가 바라는 것을 주지 않으면 혼자 실망하고 상처받는다. 가까운 사이라면 '굳이 말로 하지 않아도 내 마음을 이해하고 원하는 것을 해줘야 하는 거 아닌가?'라고 생각하는 것이다. 그러지 못하면 도리어 화를 내기도 한다. 그것이 얼마나 현실과 동떨어진 욕구인지에 대해서는 생각하지 않는다. 따라서 인간관계를 잘하기 위해서는 무엇이 현실인지를 이해하고, 그 현실에 맞는 적절한 기대치를 갖는 것이 무엇보다도 중요하다.

실제로 인간관계가 힘들다는 사람일수록 관계 속에서 바라는 것이 많다. 즉, 기대치가 높다는 뜻이다. 언제나 모든 사람과 잘 지내야 하고, 내가 모임의 중심이 되어야 하고, 내 주위에 있는 사람들은 다 나를 최고로 좋아해야 한다고 생각한다. 그들이 인간관계에 대해 느끼는, 환상에 가까운 기대치를 들으면 숨이 막힐 지경이다. 그런 마음이 일으키는 병폐도 크다. 모든 사람과 다 잘 지내려면 거기에 투자해야 하는 시간과 돈도 커지기 때문이다.

언젠가 비즈니스상 하루에 여섯 끼를 먹는다는 사람을 만난 적이 있다. 자신이 원하는 만큼 인맥을 넓히기 위해선 어쩔 수 없다는 것이다. 물론 처음에는 그의 기대대로 일이 잘 풀려나가는 듯했다. 그의 적극성과 사교성에 모두가 감탄해서, 그가 바라는 도움을 서로 주려고 했다. 하지만 얼마 지나지 않아 다들 그를 멀리하기 시작했다. 그가 모든 사람에게 등급을 매겨 자신에게 이로운 사람, 별로 필요가 없는 사람으로 나누고 있다는 사실을 알게 되었기 때문이다.

자신이 누군가에 의해 등급이 나뉘거나 선별되는 것을 좋아할 사람은 아무도 없다. 그런 의도를 숨긴다고 해도 어느 순간에는 반드시 드러나기 마련이다. 그리고 아무리 사회적인 관계라고 해도, 자연스러운 친밀감이 너무 없으면 싫증을 내는 것이 사람 마음이다. 그런데 그는 너무 분명한 목적과 의도로 인해 그런 사실을 외면했던 것이다. 그 후 결국 사업이 지지부진해지면서 그는 더 이상 모임에도 나오지 않게 되었다는 소문을 들었다.

자신의 모든 것을 다 희생해가면서 관계를 맺는 일도 위험하다. 사람에게는 자신에게 너무 잘해주는 상대를 만만하게 보는 심리가 있기 때문이다. 이는 인간의 심리가 갖는 '지배 성향'에서 비롯된다. 누군가 과거의 노예 제도가 아직도 현존하고 있다고 해서 크게 공감한 적이 있다. 일부 사람들은 자신에게 만만해 보이는 상대를 노예로 부리듯 대하고 있기 때문이다. 우리는 매스컴을 통해 '갑질'이다 뭐다 해서 그런 행태를 실제로 목격하고 있기도 하다.

그러므로 관계를 맺는 데는 상대방이 나를 만만하게 볼 정도로 '올인All-in'할 필요는 없다. 흔히 하는 말로 '내가 있고 나서 세상도 있는 법'이다. 그리고 사람들은 내가 올인한다고 해도 그것을 올인으로 받아들이거나 알아주지 않는다. 내가 가진 것의 일부만 준다고 생각한다. 그러니 나는 상대를 위해 모든 것을 희생하는데, 상대는 나를 완벽하게 이해해주고 감싸주지 않는다고 상처받을 필요가 없다. 결혼 생활에서도 첫사랑 커플들이 더 많이 갈등한다. 내 인생 전부를 네게 걸었는데, 난 다른 사람 만난 적도 없는데, 네가 뭐든 다 해줘야 하는 것 아니냐고 싸우곤 한다.

상담을 하다 보면 인간관계에서 일어나는, 아니 삶에서 일어나는 모든 갈등이 결국은 '기대치의 문제'라는 생각이 들 때가 많다. 이 세상에 내 기대치를 온전히 만족시켜줄 사람은 없다. 그것이 냉정한 현실이다. 드라마 시청률도 40퍼센트만 나오면 '대박'이라고 한다. 때로는 51퍼센트의 지지율만 얻어도 대통령이 되고 국회의원이 된다. 이런 상황에서 대체 우리가 무슨 수로 인간관계에서 100퍼센트의 만족을 기대할 수 있겠는가?

스스로를 용서하지 못하고 자책하는 이유도 자신에 대한 기대치 때문이다. 어떤 경우에도 실수해서는 안 된다는 지나친 기대치에 사로잡혀 있는 한, 우리는 그 덫에서 쉽게 빠져나올 수 없다. 그것이 끊임없는 자기 비하와 원망으로 이어지면, 결국 인생 자체가 불행해진다.

우리가 기대치라는 문제를 해결하기 위해서는 마음을 비우는 방법밖엔 없다. 흔히 마음을 비우라는 이야기를 많이 하지만, 막상 무엇이 마음을 비우는 것인지 잘 모르겠다는 사람이 많다. 그럴 때마다 내가 하는 말이 있다. 지나친 기대치를 내려놓는 것이 곧 마음을 비우는 것이라고. 즉, 현실적 기대치를 갖는다는 것과 마음을 비운다는 건 어떤 의미에서 동의어라고 할 수 있다. 그리고 그렇게 마음을 비울 때 우리는 비로소 인생의 진솔함이나 담백함의 가치에 눈을 돌릴 수 있다.

불안과 애매모호함을
견디는 힘

삶이 어려운 이유는 그것이 불확실하기 때문이다. 그런데 인생의 아이러니가, 그렇게 불안한 삶에서 우리는 자꾸만 확실한 계산을 하고 싶어 한다는 것이다. 정신과 의사로 주식 투자에 성공해 그 분야의 책도 집필한 알렉산더 엘더라는 사람이 있다. 그의 책에는 이런 문장이 나온다.

"훌륭한 정신 의학과 훌륭한 트레이딩 사이에는 공통된 한 가지 중요한 원칙이 있다. 현실에 초점을 맞추고 세상을 있는 그대로 본다는 것이다. 건강하게 살기 위해서는 눈을 똑바로 뜨고 살아야 한다. 훌륭한 투자가가 되려면 눈을 크게 뜨고 현실의 추세와 변화의 흐름을 인지해야 하며, 쓸데없는 자책이나 허황된 꿈에 시간과 에너지를 낭비하지 말아야 한다."

그런데 참 이게 쉽지가 않다. 너 나 할 것 없이 현재 이 시점의 나를 보는 게 아니라 과거의 나, 미래의 나를 보며 자책감과 후회, 불안감에 사로잡혀 살아가는 경우가 더 많기 때문이다. '패닉'이 무엇인가? 일어나지 않은 상상 속 공포에 자신을 몰아넣는 감정이다. 죽음이든, 병이든, 경제적 패망이든 자신이 두려워하는 것으로 말이다. 그런 의미에서 주식도 인간관계도 불안이라는 감정을 먹고 산다고 볼 수 있다.

실제로 주식 시장처럼 바람이 많이 불고, 그 바람에 쉽게 흔들리는 광장도 없다. 조금이라도 이슈가 터지면 곧바로 추락한다. 그러니 주식 시장은 불안이라는 배 위에 올라타고 있는 격이나 마찬가지다. 그것에 투자하는 사람들 역시 마찬가지다. 떨어지면 더 떨어질까 두려워하고, 올라

가면 언제 팔아야 할까 두려워한다. 언젠가 우리나라에서 몇 손가락 안에 드는 주식 투자가를 만난 적이 있다. 그의 말이 참 인상 깊었다.

"자신이 산 주식이 반 토막 났을 때 잠이 안 온다면, 그 사람은 주식 하면 안 됩니다."

결국 불안을 잘 이겨내는 사람은 성공의 열매를 맛보지만, 불안감에 지면 추락하거나 건강마저 잃게 되는 경우도 있다.

인간관계도 마찬가지다. 얼마 전 대학생들을 대상으로 설문 조사를 실시했는데, 가장 걱정하고 불안해하는 것이 우리가 일반적으로 생각하는 취업이나 학점이 아닌, '인간관계'였다고 한다. 인간관계 중에서도 첫 번째는 연애와 친구고, 그다음이 가족 관계였다. 사랑하면 이 사랑이 변하지 않을까 걱정하고, 남들이 나를 좋아해주지 않으면 어쩌나 하는 걱정들까지, 이래저래 인간은 늘 불안 속에서 살아간다. 그런 의미에서 가장 건강한 관계는 우정이 아닐까 한다. 좋은 친구는 언제 만나도 편안하다. 애인은 만나면 좋지만 마냥 편하지는 않다. 상대가 나를 어떻게 평가할지, 오늘 나를 괜찮다고 생각할지 걱정이 많기 때문이다. 그러나 좋은 친구는 나를 한결같이 바라봐준다. 그리고 내가 힘들 때 나를 탓하기보다 걱정부터 해준다. 편안함, 신뢰, 희망을 나누는 관계를 가질 수 있으면, 우리의 삶도 덜 불안해질 것이다.

사실 인간의 실존 자체가 불안과 연결되어 있다. 독일의 철학자 마르틴 하이데거의 표현을 빌리자면, 내가 태어났을 때 내 환경이 어떨지, 부모가 나를 사랑해줄지, 내 인생이 어떻게 풀릴지 등 아무것도 모른 채 세상에 내던져지는 존재가 인간이기 때문이다. 그러니 실존 자체가 불안일 수밖에 없다. 결국 주식 투자든 인간관계든 삶이든, 제대로 살아내기 위해서는 이 불안의 감정을 잘 다스려야 한다.

공자가 왜 아침마다 점을 쳤겠는가? 불안했기 때문이다. 매번 3000명의 제자를 데리고 자신을 알아주는 군주를 만나기 위해 길을 떠나야 했으니, 그 불안감이 어땠을지는 짐작이 가고도 남는다.

사람에 따라서는 불안감을 이겨내기 위해 오히려 파괴적인 행동을 하기도 한다. 이는 우리가 원하는 '담백한 삶'을 방해하는 가장 큰 원인 중 하나다. 상대가 나를 사랑하는지 아닌지 그 불안을 견디지 못해 먼저 이별 선언을 하는 사람도 있고, 시험에 대한 불안으로 인해 아예 시험 자체를 포기하는 사람도 있다. 심지어는 사랑하는 사람과의 미래가 불확실하다는 이유로 사랑이 절정에 다다랐을 때 자살하는 여자가 나오는 영화도 있다.

성경에 나오는 달란트 이야기도 불안이 주제다. 어느 날 주인이 길을 떠나면서 하인들에게 1달란트씩을 나누어준다. 시간이 흘러 다시 돌아온 주인이 하인들에게 자신이 나눠준 달란트를 어떻게 했는지 묻는다. 받자마자 땅에 묻은 사람도 있으며, 잘 투자해 몇 배의 이익을 남긴 사람도 있었다. 그러자 주인은 땅에 묻은 하인의 달란트를 빼앗아 몇 배의 이익을 남긴 하인에게 주었다.

자신의 잠재력을 낭비하는 사람에 관한 비유로 자주 인용되는 이야기이지만, 그렇게 되고 마는 이유는 역시 불안감 때문이다. 불안에 발목을 잡히지 않으려면 그것을 떨쳐

내려는 노력이 필요하다는 것을 보여준다.

임상에서 자신의 잠재력을 다 발휘하지 못한 채 살아가는 사람들을 종종 만난다. '과연 내가 해낼 수 있을까?' 하는 불안감 때문이다. 그리고 그런 사람들에게 "당신은 지금 해내는 것보다 훨씬 더 뛰어난 잠재력을 가지고 있다"라고 말해주면, 자기를 위로하기 위해 거짓말하는 것 아니냐고 되묻는다. 자신의 능력에 대한 불안이 의심을 낳았기 때문이다.

결국 조금이라도 가볍고 담백하게 삶을 살아가고 싶다면 불안이라는 감정을 이겨내는 수밖에 없다. 그러기 위해 불안을 느끼는 즉시 일단 그 감정에서 벗어나야 한다. 계속해서 거기에 머물러 있으면 공황 장애로 죽을 것 같은 공포감만 느끼게 될 것이다. 머릿속으로는 온갖 파국적인 결과만 떠오르기에 더욱 그렇다. 그러므로 불안을 느끼면 심호흡을 하면서 다른 쪽으로 눈을 돌려야 한다. 불안이라는 감정이 눈덩이처럼 커지는 것만 막아도 도움이 된다.

그다음으로 불안에서 벗어나려는 시도를 해야 한다. 이

는 내가 불안하다는 것을 인지하는 데에서부터 시작한다. 대개의 불안은 자신이 불안하다는 것을 받아들이지 않기 때문에 더 가중된다. '아, 지금 내가 불안하구나'라고 글로만 써보아도 좋다. 내가 무엇을 불안해하는지, 무엇 때문에 그토록 걱정하는지 다 적어보고, 가능하면 해결책에 대해서도 자세히 써볼 필요가 있다. 그렇게 하는 것이 도움이 되는 데에는 나름의 이유가 있다. 그 과정에서 언어 능력에 해당하는 좌뇌가 일을 하기 때문에, 어느 정도 냉정함을 찾을 수 있는 것이다.

마지막으로 지금 이 시점에 집중하기 바란다. 인류의 가장 오래된 서사시라고 하는 「길가메시」에는 죽지 않을 방법을 찾아 온 세상을 다니는 사람이 주인공으로 등장한다. 그런 그에게 누군가 다음과 같은 요지의 말을 전한다.

"운다고 해서, 슬퍼한다고 해서 죽지 않는 것은 아니다. 그냥 집으로 돌아가 친구들과 재미있게 놀고, 맛있는 것을 먹고, 의미 있는 일을 하며 살아라."

성경의 전도서에서 솔로몬 역시 하나님을 찬양하면서, 그 순간 주어진 것들을 즐기는 것 외에는 방법이 없다고 되풀이하여 말한다.

과거에 대한 후회와 죄책감, 미래에 대한 걱정 모두 '현실이라는 시간'을 갉아먹는 감정이라는 사실을 알아야 한다. 그리고 불안을 이겨내기 위해서는 적극적으로 그에 필요한 일련의 노력을 기울이지 않으면 안 된다. 신체적 건강을 얻기 위해 운동이라는 노력을 하는 것처럼, 마음의 부정적 정서를 덜어내는 데에도 적극적인 노력이 필요하다는 뜻이다.

마음은 노력 없이 저절로 치유되리라는 믿음은 틀렸다. 그런 일은 절대로 일어나지 않는다. 내 마음을 위한 노력들이 모여 삶이 가벼워질 때, 우리는 비로소 불안과 애매모호함을 견디는 힘을 조금이나마 얻을 수 있다.

실수에 대해
담백하게 웃을 수 있는 용기

⌣

내가 담백한 삶을 바라는 가장 큰 이유 중 하나는 '살아오면서 저지른 온갖 실수와 허물에 대해 담담히 웃을 수 있는 용기를 갖기 위해서'이다.

내가 처음으로 크게 창피함을 느꼈던 기억은 중학교 때로 거슬러 올라간다. 선생님이 어떤 내용에 대해 발표를 시켰는데, 내가 어색함을 느꼈나 보다. 말도 안 되는 소리를 고래고래 지르던 내 모습이 아직도 기억난다. 발표를 마치고 내려오니 친구 한 명이 "너 대체 왜 그렇게 소리를 지르는 거니? 내가 다 창피해서 너를 끄집어 내리고 싶었어"라고 말했을 정도였다. 그제야 내가 몹시 이상한 짓을 했다는 걸 깨달았다. 그 순간의 창피함이란……. 나는 어찌할 바를 모른 채 딱딱하게 굳은 얼굴을 하고 앞만 바라볼 수밖에 없었다. 그리고 한동안 그 기억에서 벗어나지 못했다. 안 그래도 내성적이던 성격이 더욱 내성적으로 변해간 건 말할 것도 없다.

그 시절의 내 모습을 아는 친구들은 지금까지도 "어떻게 네가 방송도 하고 강의도 하는지 모르겠다"라며 의아해한다. 사람은 안 변한다는데, 널 보면 꼭 그렇지도 않은 것 같다고 말한다. 그때 난 "사람은 안 변하기도 하지만, 또 변화하는 존재이기도 하다"라는 말로 대답을 대신했다. 실제로 그렇기도 하고. 어느 작가의 말처럼 우리가 갖고 태어나는 기질은 마치 두개골과 같아서 웬만해선 변하지 않는다. 그러나 나머지 부분들은 후천적인 환경과 성장 과정, 살아오면서 겪는 여러 경험들에 의해 조금씩 조정되고 변화하기 마련이다.

물론 나의 깊숙한 내면을 살펴보면 태생적인 불안감과

두려움, 공포가 여전히 큰 자리를 차지하고 있다. 그리고 조금씩 나아지기는 했으나 중요한 순간에 불쑥 그 모습을 드러내곤 한다. 그런 의미에서 정신분석학자 지그문트 프로이트의 주장 중 무의식에 관한 학설은 정말 맞는 말이다. 내 인생에서 일어난 중요한 결정들은 거의 다 그런 감정에 영향을 받았기 때문이다. 앞서 프롤로그에서 내가 감정적으로, 반응적으로 살아왔다는 것은 바로 그런 순간들을 의미한다.

지금의 나라면 과거의 나 정도까지 반응적으로 살지는 않았을 것이다. 적어도 지금은, 머리로는 정말 죽음의 고비 앞에 섰을 때를 빼놓고는 즉각적으로 반응할 일이 없다는 것 정도는 알고 있다. 어떤 문제를 겪고 있든 한 걸음 물러서서 관찰하는 여유를 가진 다음 해결 방법을 찾아야 한다는 것도. 다만 그럼에도 마음이 이전처럼 반응하려고 할때 내가 생각해낸 방법이 '유연성'을 기르자는 다짐이다. 마음의 유연성이라고 하면 꽤나 거창하게 들리지만, 사실은 생각의 폭을 한 마디만 넓혀 딱 그만큼만 더 여유를 갖자는 뜻이다.

그리고 그때 가장 먼저 든 생각이 있다. 바로 실수에 대해 '집착'하지 말자는 것이었다. 그동안의 나는 스스로 느끼기에 실수를 했다고 생각되는 날이면(다른 사람들이 가벼운 헤프닝쯤으로 여기는 일도 내게는 어마어마한 크기의 실수로 클로즈업되곤 했다), 밤에 잠자리에 들어 그 장면을 마치 필름처럼 계속해서 되감으며 돌려 보는 버릇이 있었다. 아마도 같은 경험을 해본 사람은 알겠지만, 필름 되감기를 할수록 그 모든 문제는 실제보다 더 증폭되어 다가왔다. 나 역시 예외는 아니었다. 결과적으로 그토록 감정적으로, 반응적으로 살아온 데에 대한 일종의 '벌'을 받고 있는 셈이었다.

그래서 스스로에게 특단의 조치를 내렸다. 필름 되감기를 멈추고, 그 대신 내가 저지른 실수에 대해 관용을 베풀자고 생각한 것이다. 할 수만 있다면 그 실수에 대해 담담하게 웃을 수 있는 용기를 갖자고. 그동안 나 자신이 얼마나 '콘크리트'처럼, 유연성 없이 살아왔는지도 깨달았다. 자기 집 담벼락에 나무를 잔뜩 심어놓아 스스로는 자연 친화적이라고 생각하지만, 사실은 그 나무 속에서 살기에 밖을 내다보지 못하는 사람도 있는 것처럼, 나 자신이 그렇게 살아온 건 아닌지 하는 반성도 뒤따랐다.

물론 내가 그렇게 된 데에는 이유가 없지만은 않다. 나
역시 유연하지 못한 사람들이 대개 그러하듯이 스스로에
게 유독 완벽함을 요구했던 것이다. 완벽주의가 나쁜 이유
중 하나는 단 한 번의 실수만으로도 마치 자신의 모든 것
이 무너지는 듯한 심리 상태에 빠지기 때문이다. 정신 의
학적 용어로는 일종의 '재앙 반응'이라고 부른다. 이솝우
화에 나오는 도토리와 토끼 이야기가 전형적인 재앙 반응
의 사례다. 그 이야기에서 토끼는 도토리 한 알이 땅에 떨
어진 것을 보고 숲 전체가 무너질 것 같다며 야단법석을
떤다.

그런 상황에 놓이지 않기 위한 유일한 방법은 스스로에
게 조금 더 너그러워지고, 때로는 가벼운 실수에 대해 웃
어넘길 수 있는 용기를 갖는 것뿐이다. 자신이 저지른 실
수가 타인이 아니라 자신만을 아프게 할 경우, 그 죄를 용
서해도 된다는 말도 있지 않던가. 그 글이 나에게 참 많은
도움이 되었다.

실제로 나는 내가 사랑하는 강아지들에게 도움을 많이 받았다. 그 아이들은 완벽주의도 없고, 실수했다고 하여 노심초사하지도 않는다. 대신, 단순하고 열정적으로 사랑만을 나누어준다. 철저히 '현재 이 순간'만을 살고 있는 셈이다. 그들을 보고 있으면 사람이란 참으로 복잡한 존재라는 생각이 든다. 그러면서 각오를 다진다. 나도 좀 더 단순하게, 담담하게, 담백하게 지금 이 순간을 누리자고 말이다.

더 이상 뒷담화에
흔들리지 않는 의연함

내 삶이 완벽할 수 없고 내가 모든 사람으로부터 좋은 평가만 받을 수도 없다는 점, 나도 때로는 실수할 때가 있고 그 실수를 담백하게 웃어넘기는 용기를 가질 수도 있다는 점을 알게 되면 좋은 점이 또 하나 있다. 나에 대한 누군가의 뒷담화에 더 이상 예전처럼 큰 상처를 입지 않게 된다는 것이다. 일종의 의연함이라고나 할까, 그런 담담한 마음이 생겨나기 때문이다.

물론 내가 남의 뒷담화에 열을 올리기도 하듯이, 나 역시 그런 뒷담화의 주인공이 될 수도 있다는 사실을 예전에도 잘 알고 있었다. 아마 이 책을 읽는 누구라도 그런 사실을 모르는 이는 없을 것이다. 하지만 어떤 사실을 머리로 안다는 것과 마음으로 받아들이는 것은 완전히 다른 차원의 문제임을 어쩌랴. 나 역시 머리로는 알면서도 막상 뒷담화의 주인공이 되었다는 사실을 인지하면 마음에 큰 상처를 받곤 했다.

참을 만큼 참다가 어느 순간 감정이 폭발하기도 했다. 그러면 내게 상처를 준 상대방에게 전화를 걸어 전후좌우 따져가며 왜 그런 말을 하고 다녔는지 해명을 요구하기도 했다. 그런데 문제는 내가 참을성(어떤 의미에서는 반추에 해당할 것이다)이 있다면 또 있는 편인지라, 그렇게 전화를 걸기까지 너무 오랜 시간이 지난다는 점이었다. 그쯤 되면 상대방은 그 당시에 자기가 무슨 얘기를 했는지조차 기억하지 못해서 나의 요구를 자신에 대한 느닷없는 공격으로 받아들였다. 이중으로 억울해진 나는 진짜 공격적이 되거나, 상대를 두 번 다시 보지 않았다. 그런 식으로 적을 만들어가는 것이 나에게 치명적이라는 사실을 모르지 않으면서도 그랬다.

얼마 전에 이런 일을 겪었다. 몇 년만에 만난 지인이 과거 자신이 내게 적대적으로 대한 일을 사과하고 싶다며 말을 꺼냈다. 그때 내 표정을 보고 상처받았다는 걸 알았지만 곧바로 사과하지 못했다면서. 그 뒤로도 오랜 시간 그런 자신을 자책해왔다는 말이었다. 그런데 그때 나는 그가 한 말에 상처를 받지 않고, 오히려 내가 당장 해결해야 하는 다른 일을 떠올리고 있었다. 그의 이야기를 들으며 과거의 일을 갖고 서로 해명하는 일이 얼마나 부질없는지를 다시금 깨달았다.

지금은 누군가 내 험담을 했다는 이야기를 들어도 '그럴 수도 있지……'라고 여기고, 애써 마음에 담아두지 않으려고 노력한다. 세월이 갈수록 사람들끼리 나누는 대화가 때로는 의미 있기도 하지만, 때로는 얼마나 무의미한지도 알게 되었기 때문이다. 사회적 관계에서 사람들을 만나고 난 뒤 피곤함을 느낀다는 사람이 참 많다. 대화의 무의미성 때문이다. 어떤 때에는 단지 말하기 위해 말하고, 시간을 보내기 위해 말한다. 그럴 때 시간 때우기 쉽고 흥미로운 주제가 남의 험담일 경우도 많다. 즉, 누군가에 대해 험담하는 사람들이 그 당사자에 대해 딱히 미운 마음을 갖고 그러는 것은 아닐 것이다. 그냥 인간이 지닌 본래의 심리가 그러할 뿐.

스트레스를 받으면 우리의 몸은 아드레날린을 분비한다. 아드레날린이 나오면 공격성이 증가하면서 행동의 양도 많아진다. 일종의 긴장 상태가 활성화되는 것이다. 우리가 누군가의 험담을 하거나 악플을 달거나 미워하는 것도, 그런 긴장 상태의 활성화와 관계가 있다. 그 순간만큼은 아드레날린이 분출되고 공격성이 확장되면서 팽팽한 긴장 상태에 놓이고, 그 속에서 살아 있다는 느낌을 받는 것이다. 사람들은 일상의 평온함을 추구하면서, 그날이 그날 같은 평온함을 느끼면 또 지루해한다. 그래서 누군가를 흉보는 일도 그러한 지루함을 깨뜨리기 위한 행동 중 하나라고 이해하면 속이 편하다.

문제는 한번 남의 뒷담화에 맛을 들이면 자기도 모르게 계속해서 그 버릇을 키워나간다는 점이다. 인간의 행동은 반복될수록 내성이 생겨서 더욱 강한 것을 찾게 되기 마련이다. 악플이 점점 더 공격적이 되어갈 수밖에 없는 이유다. 그 때문에 공격성이나 분노도 반복되면 더욱 증폭된다. 일종의 '약물 중독'처럼 계속할수록 그 강도가 세지는 것이다. 따라서 어느 시점에 단호하게 멈춰야 한다. 그러지 않으면 팽팽하게 잡아당겨진 고무줄이 언젠가 툭 끊어지듯 문제가 생겨날 수밖에 없다.

물론 대부분의 중독 현상처럼 단번에 무 자르듯이 벗어나기란 어렵다. 한 번에 하나씩 해결 방법을 찾아가야 한다. 그중에서도 심하게 남의 험담을 하거나 공격적인 악플 달기를 멈추고 싶은 사람이라면 시각을 바꿔보는 것이 가장 좋은 해결 방법이 아닐까 한다. 어떤 대상에 대해 그가 지닌 한 단면만을 보고, 그것이 전부인 양 확대 해석하지 않으려고 노력하는 자세 말이다.

오래전 베트남 전쟁 중에 있었던 일이다. 한 베트남 장군이 베트콩을 권총으로 쏘는 장면이 사진으로 찍혔다. 그 사진 때문에 베트남 전쟁에 대한 반발심이 더욱 커졌다고 한다. 그 장군은 죽을 때까지 '살인자'라는 오명을 쓰고, 온갖 수모와 멸시를 받았다. 그런데 그 사진을 찍은 기자의 말은 달랐다. 세월이 흐른 뒤 사진 기자는 장군이 죽인 건 베트콩이지만, 자신은 사진 한 장으로 그 장군을 죽인 것과 다름없다고 털어놓은 것이다.

그의 말에 따르면, 사실 그 베트콩은 수많은 민간인을 학살한 장본인이었다. 이런 사실을 안 장군은 부하들에게 그 베트콩을 사살하라는 명령을 내렸다. 그때 부하들이 우물쭈물하자 자신이 직접 나서 총을 쏘았다. 그리고 우연히 그 자리에 있던 사진 기자가 사살 장면을 촬영해 전 세계로 송출한 것이다. 베트남 장군의 추락에 죄책감을 갖고 있던 사진 기자는 훗날 이렇게 말했다.

"사진은 단지 장면 하나를 찍는 것이다. 전후가 생략된 채로. 결코 그것이 전부가 아니다."

그의 말처럼 우리도 한 사람의 단면만을 보고, 마치 그 사람의 모든 면을 다 안다는 것처럼 생각할 때가 있다. 특히 남에 대해 험담을 할 때는 더더욱 그렇다. 그러므로 누군가에 대해 험담을 하고 싶을 때 '내가 그 사람의 단면만 보고 오해하여 판단한 게 아닐까?'라는 생각을 떠올린다면, 충동을 참을 수 있지 않을까 싶다. 또한 남의 험담을 즐겨하는 사람일수록 자신의 생각이 확고하다는 생각을 하는 경우가 많다. 그럴 때 역지사지하여 '내가 이렇게 확고하듯 남도 그럴 것이다'라는 생각을 하는 편이 도움이 된다.

상담을 하다 보면 이 병원 저 병원 옮겨 다니다가 오는 환자들이 꽤 많다. 그럴 때 나는 그 환자를 처음 본 의사나 가장 많이 본 의사에게 다시 갈 것을 권유한다. 정신적 문제는 큰 흐름을 보는 것인데, 단면만 보고 처방을 내리거나 섣불리 판단하는 일은 경계해야 하기 때문이다.

우리가 험담의 대상이 될 때에도 마찬가지다. 상대방이 내 전부를 평가하는 것처럼 과잉 반응할 필요가 없다. 정신 의학을 공부하면서 칭찬보다는 흉을 보고 욕하는 것이 우리 본성에 더욱 가깝다는 것을 점점 이해하게 된다. 칭찬은 마치 연어가 물을 거슬러 올라가듯 우리의 본성을 거스르는, 교육과 훈련이 필요한 행동이라면, 욕이나 비난은 그냥 시키지 않아도 나오는 것이라고나 할까. 그렇다면 나에 대한 뒷담화를 받아들이는 관점 역시 조금은 달라질 수 있으리란 생각이 든다. 그냥 상대방이 인간의 본성에 충실해서, 자기 스트레스로 인해, 자기 기질로 인해 그런다고 생각하고 무시하는 것이다.

한 남성이 직장에서 평소 사이가 안 좋은 동료 때문에 도저히 참을 수 없다는 문제로 나를 찾아왔다. 그 동료가 자신에 대해 많이 아는 것도 아닌데, 마치 다 아는 것처럼 사생활을 포함해 뒤로 험담을 하고 다닌다는 말이었다. 그 문제로 최근에는 사람들이 보는 앞에서 큰소리로 다투기까지 했다고, 그래서 더 괴롭다고 말했다. 이번 직장에서 자기 인간관계는 다 끝난 것 같으니 회사를 옮겨서 다시 시작해보고 싶다는 말까지 했다.

나는 그에게 이런 경우에는 먼저 어디까지가 나의 문제이고, 어디까지가 상대의 문제인지를 잘 생각해볼 필요가 있다고 조언했다. 사실 그에 대해 잘 알지도 못하는 동료가 그의 단면만 보고 험담을 했다면 그건 그 동료의 잘못이다. 이런 상황에서 내가 피해자가 되어 직장을 옮긴다면 손실이 너무 크다. 새로운 곳에서 새롭게 인간관계를 맺는다고 한들 문제가 해결되지도 않는다. 그리고 어느 작가의 표현처럼 대개의 경우, 잘난 척하는 사람의 속마음은 소심하고 불행한 법이다. 그러므로 이런 경우에는 단호하고 의연하게 대처하는 것만이 최선이다. 남의 비난이 유독 두렵다면 한번 생각해볼 일이다. 이 사람이 과연 내 인생에 무엇을 해줄 수 있는지를.

그에게 정 화가 나면 차라리 혼자만의 공간인 차 안에서 '욕 테라피'를 실천해보라고 주문했다. 실컷 퍼붓고 나면 대부분의 감정은 진정되기 때문이다. 더불어 그에게 영국의 철학자 칼 포퍼가 한 말을 들려주었다.

"누구에게도 오해받지 않도록 말하는 것은 불가능하다는 사실을 늘 기억하라. 어떤 경우에나 당신을 오해하고 잘못 이해하는 사람이 한둘은 있기 마련이다."

그러니 이 세상에 나를 비난하고 욕하는 사람이 있다고 하여 겁먹거나 위축될 필요는 없다. 다만 상대의 말에 일리가 있다고 생각되면 자신을 돌아볼 기회로 삼으면 된다. 좋은 경험은 좋은 경험대로, 나쁜 경험은 나쁜 경험대로 나를 성장시키는 주춧돌이 되기 때문에. 그렇게 생각하려고 노력하는 것이 내가 생각하는 또 다른 담백한 삶의 기술이다.

자 존 심 은
내 가 사 는 집 이 다

담백하게 살면 좋은 점이 또 있다. 그중 하나가 '굳이 자
존심을 세워가며 허세를 부리지 않아도 된다'는 점이다.
자존심은 쉽게 비유하자면 내가 사는 집이다. 집이 튼튼
하면 지진도 견뎌낼 수 있다. 겉보기에는 화려하지만 속
이 튼튼하지 않은 집은 작은 규모의 지진에도 흔들리고 심
지어 무너지기까지 한다. 그런 것처럼 자존심이 낮으면 살
아가면서 겪는 작은 일들이나 남들의 별것 아닌 평가에도
쉽게 흔들릴 수 있다. 겉으로는 허세가 가득하지만 내면은
늘 전전긍긍하며 살아간다.

어느 책에선가 할리우드 배우 톰 크루즈의 인터뷰를 본 적이 있다. 내용은 다음과 같았다.

"그는 의지가 강하고 자기중심이 굳건하며 의연했다. 해야 하는 생각들, 해결해야 할 문제들 등 그것이 무엇이든 그는 자신과의 대화 속에서 가장 먼저 해결책을 찾았다. 그는 말했다. '난 다른 사람에게 내 생각을 털어놓지 않아요. 어떤 일에 대해 생각하고 만약 그것이 옳다는 것을 내가 알고 있다면, 누구에게 물으러 가거나 하는 부류의 사람이 아니죠. 난 모든 결정을 스스로 합니다. 배우로서의 삶도, 내 인생도.'"

그 글을 보면서 '아, 이 남자는 자존심이 뭔지 아는구나'라고 생각했다.

그렇다면 건강한 자존심이란 무엇일까?
첫 번째는 내가 내 집의 주인이듯이 내 삶의 주인은 나 자신이라는 사실을 이해하는 것이다.

두 번째는 우리가 집을 정성껏 가꾸지 않고 버려두면 폐허가 되듯이 나 자신을 방치하지 않고 끊임없이 가꾸어나가는 것이다.

세 번째는 집에서 가장 중요한 것이 안정과 평화이듯이 내 마음도 마찬가지라는 사실을 알고 실천하려 노력하는 것이다.

네 번째는 내 집을 스쳐 지나가는 사람들의 말을 무시해도 좋은 것처럼 내가 곤경에 처했을 때 내 주위에 남지 않을 사람들의 평가를 과감히 무시하는 것이다.

마지막으로 집이 감당하기 어려울 정도로 크면 청소하기 벅찬 것처럼 인생에서 지나치게 많은 것으로 나를 파괴하지 않는 것도 건강한 자존심이다.

나는 오로지 내 눈으로 보고, 내 귀로 듣고, 내 혀로 맛을 안다. 그러니 내가 내 눈을 보호하고 몸과 마음을 귀하게 여기지 않으면 안 된다. 그리고 뭐든지 혼자 스스로 해야 한다고 생각하고, 끊임없이 배우고 도전할 줄 알아야 한다.

과거 K2에 오르는 과정에서 동료들의 배신을 경험한 어느 알피니스트가 쓴 글이 인상적이었다. 그 일이 있고 나서 그는 오로지 자기 자신만을 믿게 되었다고 했다. 그는 남에게 기대하지 않고 무엇이든 혼자 결정을 내리는 일에 익숙해질 것, 무슨 일이든 자기 잣대로 판단할 것, 결정은 마지막 순간에 내가 하는 것이고 그 책임도 오롯이 내가 지는 것이라는 교훈을 얻었다고 말했다. 톰 크루즈가 하고자 했던 이야기의 핵심도 바로 그것이 아니던가.

반면, 열등감과 자만심의 공존은 거의 대부분 실패를 불러온다. 심리 검사를 해보면 상반되는 두 특성이 비슷할 정도로 있을 경우 사람은 우유부단해진다. 예를 들어 새로운 것에 대해 호기심이 많으면서도, 그만큼 실패에 대한 두려움도 큰 경우다. 그러면 십중팔구 시작했다가, 이내 실패하면 어쩌지 하는 생각이 들어 결실을 맺지 못한다. 말그대로 머리로만 행동하고 몸은 그 자리에 있는 셈이다.

자기 자신에 대해서도 마찬가지다. 열등감과 자만심이 공존하면 늘 바람 부는 대로 이리저리 흔들릴 수밖에 없다. 남들이 칭찬해주면 '그래, 난 정말 대단한 사람이야'라고 생각했다가, 조금이라도 상대로부터 내가 바라는 반응이 안 나오면 급전직하 '내가 그렇지 뭐' 하고 자기 비하에 빠지곤 한다.

자만심은 신체로 비유한다면 '마음의 비만'이다. 반대로 열등감은 '마음의 영양실조' 상태다. 따라서 내 마음에 필요한 영양소가 무엇인지 살펴, 부족한 것은 채우고 지나친 것은 덜어내는 작업을 해야 한다. 그러면서 '그래, 내가 이 부분에 대해서는 모자라고, 이 부분은 잘하지'라고 두 부분을 통합해야 한다. 이것이 바로 건강한 자존심이다.

그런데 우리가 살면서 가장 자존심을 세우는 관계는 모순되게도 바로 나 자신과의 관계일 때가 많다. 쉬운 예로 남들은 다 나를 괜찮다고 하는데, 정작 나는 내가 마음에 들지 않는 경우가 그렇다. 물론 나 역시 가끔 그런 경험을 한다. 강의를 하거나 발표를 하고 나서 다른 사람들은 다 좋았다고 하는데도, 나는 내가 마음에 안 드는 것이다. 여기서 한 발자국 더 나아가게 되면 결국 '난 도대체 왜 이 모양일까' 하면서 스스로를 비난하기에 이른다.

잘난 척하는 태도 역시 열등감에서 비롯된다. 열등감이 사라지면 일부러 잘난 척하는 태도를 보일 필요도 없어진다. 따라서 열등감은 싹이 보이려고 하는 즉시 없애버리는 것이 가장 좋다. 그러기 위해서는 내가 태어나서 지금까지 경험한 모든 것이 나를 만든다고 받아들여야 한다. 부족하면 부족한 대로 잘한 것은 잘한 대로, 있는 그대로의 나를 수용하고 이해하는 자세, 이것이 나의 열등감과 자만심을 치유하고 내가 사는 나의 집, 자존심을 견고하고 멋지게 짓는 첫걸음이다.

현실적 기대치를 갖는다는 것과
마음을 비운다는 건
　어떤 의미에서 동의어라고 할 수 있다.

그리고 그렇게 마음을 비울 때
우리는 비로소 인생의 진솔함이나
담백함의 가치에 눈을 돌릴 수 있다.

분노와 미움에는
참으로 많은 양의 에너지가 소모된다.
실제로 누군가를 미워하려면
정말 많은 것을 붙잡고 있어야 한다.
그러는 동안 정작
내 인생에서 중요한 것들은
대부분 간과되거나
흔적 없이 사라지고 만다.

담백한 삶을 방해하는 몇 가지 요소들

3장

욕심으로 마음을
괴롭히는 것도 자해다

우리는 흔히 '나는 내 편'이라고 생각한다. 그러나 조금만 생각해보면 안다. 내가 나를 들볶고 못살게 굴 때가 얼마나 많은지.

우리는 너무 자주 자기 자신을 남과 비교하고, 과거에 한 일로 스스로를 비난하면서 죄책감에 사로잡힌다. 미래를 살아갈 자신이 없어 세상과 단절하고, 끊임없이 '난 자신이 없어. 나 같은 건 살 필요가 없어'라고 생각하면서 스스로를 괴롭힌다. 반대로 지나친 욕망과 욕심으로 자신을 파괴시키는 것도 나 자신이다. '나의 가장 큰 적은 바로 나 자신'이라는 말은 정말 맞는 말이다.

이처럼 나와 또 다른 내가 적이 되어 서로를 괴롭히는 대표적인 사례가 바로 '정신분열증(지금은 조현병이라고 알려져 있다. 원어는 Schizophrenia인데, Schizo는 분열이나 쪼개짐을 의미하고, Phrenia는 정신을 뜻한다)'이다. 즉, 마음이 분열되어 조율이 안 되는 상태를 뜻한다.

사람들이 정신병을 두려워하는 이유 중 하나는 '나도 그렇게 되지 않을까' 하는 불안에서 기인한다. 우리가 그런 두려움과 불안을 경험하는 까닭은 수시로 자신이 자기와 분리되는 듯한 느낌을 받기 때문이다. 흔히 말하는 '당위성의 횡포'라는 것도 그중 하나다. 자신에게 수시로 '넌 이정도까지는 해내야 해'라고 요구하다가 그게 안 되면 곧바로 자책 모드를 가동하는 것이다. 난 이런 심리를 '마음속에 사감 선생을 모시고 사는 것'에 비유하곤 한다. 내 마음속에 나를 감시하고 야단치는 사감 선생이 있다면 어떻게 될까?

내 경우, 학창 시절에 정말 무서운 선생님이 계셨다. 수업 중에 문득 서늘한 기운을 느껴 뒤를 돌아보면, 반드시 그 선생님이 뒷문 유리창으로 우리를 감시하고 있었다. 어느 날 역시 으스스한 기분을 느껴 고개를 돌렸다가 그 선생님과 눈이 마주치는 바람에 소스라치게 놀란 경험도 있다. 그런데 내 안에 스스로 그런 사감 선생을 모시고 산다면 삶이 어떻게 될까? 참으로 괴롭고 비참하지 않을까 싶다.

당위성의 횡포가 스스로에게만 적용되는 것은 아니다. 자녀나 배우자, 친구, 심지어는 회사 동료나 부하 직원에게까지 영향을 미친다. 타인에게 자신의 잣대를 적용하면서 거기에 맞춰야 한다고 고집하는 것 역시 당위성의 횡포다.

우리가 당위성의 횡포에 휘둘리는 일차적인 이유는 불필요한 아집과 욕심 때문이다. 그렇게 스스로를 괴롭히는 것 역시 일종의 자해에 해당한다. 우리가 스스로 자신의 신체에 해를 가하는 것도 치명적이지만, 정신적 자해도 그에 못지않게 나쁘다.

상담을 하면서 가장 어려운 경우 중 하나가 아집이 심한 사람을 상대해야 할 때다. 여기에 스스로 자신이 완벽한 사람이라는 확신이 더해지는 경우도 있는데, 그런 사람에게는 유연성이라고는 1그램도 찾아볼 수 없으니 어떤 이야기를 해줘도 통하지 않는다.

남편이 신혼 초에 외도를 했다는 문제로 십 수 년째 싸우는 부부가 있었다. 신혼이니 아내의 입장에서는 당연히 충격이 컸을 터였다. 남편 역시 자신의 잘못을 알고 용서를 구하고자 노력했다. 그런데 결혼 생활 내내 아주 사소한 갈등만 생겨도 아내가 그 일을 들먹이며 남편을 심하게 괴롭혔다.

그들 갈등의 모든 결론은 남편의 바람으로 귀결되곤 했다. 그녀는 상담 중에도 자신이 얼마나 불행한 사람인지 강조했다. 물론 아내의 심정이 충분히 이해가 갔다. 다만 거기서 벗어나지 않는 한 그들의 결혼 생활은 영원히 불행할 수밖에 없었다. 그녀의 선택은 두 가지였다. 그 일을 도저히 잊지 못하겠다면 남편과 헤어지거나, 아니면 과거 한 번의 실수로 여기고 남편을 용서하거나. 하지만 그녀는 둘 다 할 수 없다고 주장했다.

"남편은 나라면 절대 하지 않을 실수를 했습니다. 그런데 왜 그 일로 내가 불행해야 하나요. 남편은 평생 잘못을 빌면서 벌을 받아야 합니다."

그녀의 생각이 어찌나 완고한지 처음에는 상담을 진행하는 것 자체가 버거울 정도였다. 상황이 그러하니 두 사람의 일상이 어떠할지는 짐작이 가고도 남았다. 불행한 결혼 생활의 요소가 다 들어 있다고 해도 과언이 아니었다. 끝이 없는 원망과 의심, 경멸과 비난, 힐책과 수모까지……. 그로 인해 불필요하게 낭비되고 있는 에너지는 또 얼마나 두 사람의 진을 빼놓을 것인가.

나는 일차적으로 그녀의 모든 이야기를 다 들어주는 수밖에 없었다. 그렇게 얼마의 시간이 흘렀을까. 이윽고 그녀는 사실 자기도 그런 식으로 살아가는 자신이 미울 때가 많다고 털어놓았다. 그쯤에서 나는 그녀에게 우리가 누군가의 잘못을 용서하고 서로의 관계에 변화를 가져오고자 하는 이유는 결코 상대방을 위한 것이 아님을 조심스레 이야기해주었다. 그녀의 경우, 남편이 평생 벌을 받아야 한다

는 생각이 확고했다. 원망과 비난을 거두어 그를 마음 편
하게 만들어줄 생각이 조금도 없다는 것이었다.

　나는 그녀에게 남편에 대한 이해와 용서는 결코 그를 위
한 일이 아님을 말해주었다. 이는 오직 자신의 귀중한 시
간과 잠재력을 낭비하지 않고 제대로 쓰기 위한 것이라고.
그제야 그녀는 처음으로 "남편을 위해서가 아니라 저를
위해서라고요?"라며 반응을 보였다. 이어서 자신은 한 번
도 그런 식으로 생각해보지 못했다, 다른 건 몰라도 내 시
간과 잠재력을 낭비하는 것만은 분명하다, 나도 바로 그것
때문에 더 화가 나고 못 견뎠던 것 같다는 요지의 말을 했
다. 나는 조금 더 나아가 우리의 아집에서 비롯되는 행동
이 결국 스스로를 망가뜨리는 자해에 해당할 수 있다는 말
을 해주었다.
　그녀는 '자해'라는 말에 화들짝 놀란 기색을 보였다. 역
시 그런 식으로는 생각해보지 못했다면서, 그동안 자신의
태도를 되돌아보겠노라고 약속했다. 그녀 역시 스스로 자
신의 편에 서지 못했던 것이었다. 다행히 그 점을 조금씩

깨닫기 시작하자, 힘든 생활에서 어느 정도 벗어날 수 있었다.

그녀와 상담을 하며 문득, 과연 나는 나 자신과 어떻게 지내고 있을까 생각해보지 않을 수 없었다. '50년을 살면 49년이 후회다'라는 말이 떠오르면서, 나 역시 내 편이 아니었던 적이 많았음을 인정하지 않을 수 없었다.

나는 흔들리면서
상대는 한결같기를 바라는 마음

주식 시장에서 주가의 기본은 상승이 아닌 하락이라고
들 말한다. 또 주가가 지속적으로 오르거나 하락하는 기간
보다는, 오르면 바로 떨어지고 떨어지면 바로 오르는 구간
이 훨씬 많다고 한다. 정확한 수치는 아니지만 그 비율이
1대 3 정도 된다고 한다. 이는 곧 하나의 주식을 진중하게
오래 갖고 있어야 큰 시세 차익을 거둘 수 있다는 의미다.
단타 기법의 귀재가 아닌 이상, 오르내림이 심한 구간에서
사고팔기를 되풀이하다가는 손해를 볼 수밖에 없다는 것
이다.

언젠가 주식 전문가로부터 이런 이야기를 들으면서 '주식 시장'과 '인간관계'가 서로 꽤 닮았다는 생각이 들었다. 인간관계에서도 상대의 행동 하나하나에 따라 일희일비하거나, 반대로 내가 조석지변朝夕之變이어서 문제를 일으키는 경우가 많기 때문이다. 한마디로 진중하고 담백하게 처신하는 일이 생각만큼 쉽지 않다는 뜻이다. 그런데도 우리는 그처럼 인간의 마음이 쉽게 흔들린다는 사실을 잘 받아들이지 못한다. 하지만 주식 시장이 작은 사회적 변화에도 요동치는 것처럼, 인간의 마음도 아주 작은 일로 동요하는 경우가 많다. 그리고 그 원인이 '나르시시즘의 심리'에서 기인한다는 것이 내 생각이다.

나르시시즘이란 스스로 자신을 가장 소중한 존재로 인식함과 동시에 남도 나를 그렇게 여겨주기를 바라는 심리를 뜻한다. 그동안 나는 책을 쓰고 강의를 할 때마다 인간의 심리 중 가장 중요한 것으로 나르시시즘을 손꼽았다. 이 심리만큼 인간관계에 영향을 주는 것이 없다는 생각 때문이었다. 좌절의 순간 누군가 곁에서 "아니야, 넌 참 괜찮은 사람이야. 네가 있어서 얼마나 내가 힘이 나는데"라는 말을 해준다면, 우리는 결코 포기하지 않는다. 그 이유는 인간의 핵심 심리인 나르시시즘이 충족되기 때문이다.

반대로 사람들이 인간관계에서 가장 예민하게 여기는 건 무엇일까? 바로 상대가 나를 무시하는지의 여부다. 작게라도 무시당했다고 생각하면 역시 자신의 나르시시즘에 크게 상처를 입는다. 물론 여기에는 나의 문제도 작용해서, 상대는 나를 무시하지 않았는데 나는 그랬다고 생각하는 경우도 있다. 여기서 핵심은 원만한 인간관계를 해나가고 싶다면 상대에게 그런 느낌을 주지 않도록 처음부터 조심할 필요가 있다는 것이다.

예를 들어 나는 상대에게 조언이라고 하는데, 상대는 그것을 자신에 대한 무시로 받아들일 수 있다. 그러므로 불필요한 조언이나 간섭을 남발해서는 곤란하다. 지나치게 으스대는 것도 해서는 안 되는 행동 중 하나다.

어느 모임에서 내게 강의를 요청한 적이 있었다. 상대가 대뜸 "이 강의를 하면 너는 대단히 이름이 알려질 것이다"라는 말부터 꺼내는 게 아닌가. 물론 그 강의는 거절했다. 자신이 상대에게 무언가를 베푼다는 인상을 주는 것만큼 인간관계를 망치는 길도 없다. 아무도 그런 대접을 받고 싶어 하지 않기 때문이다.

그런가 하면 내 의사를 정확히 표현하지 않는 것도 오해의 소지를 낳는다. 나 역시 그런 일로 한 선배에게 '건방진 후배'라고 찍힌 적이 있다. 언젠가 이 선배로부터 강의 요청을 받게 되었다. 개인적으로 강의를 하면서 가장 부담을 느끼는 때가 직속 선배, 선생님들 앞에 설 때다. 기업이나 조직 강연에서는 느끼지 않는 긴장감을 유독 느낀다. 아마도 상대의 평가에 민감해져서 그럴 것이다. 그래서 그런 자리는 될 수 있으면 피하려고 마음먹었는데, 거절할 수 없는 선배가 전화해 부탁하니 이런 말이 나오고 말았다.

"제가 웬만해서는 강의를 안 하는데 선배 부탁이니 하겠습니다."

그 순간 아차 싶으면서 밀려드는 무안함이란……. 그다음에라도 "사실은 제가 다른 자리에서는 자신 있게 하는데, 선배님들 앞이라 주눅이 들어서요"라고 해명을 했어야 했는데, 결국 그러지 못했다. 너무 긴장한 나머지 내 입장을 제대로 설명하지 못해 불필요한 오해를 사고 말았다.

이후에도 비슷한 경험을 했다. 역시 거절하기 어려운 선배의 부탁으로 강의를 하게 되었는데 과거 학창 시절부터 존경하던 선배들 앞이니 더욱 긴장을 했다. 처음부터 시간 분배를 제대로 하지 못했다. 머리로는 끝내야 하는 것을 아는데, 당황한 마음에 어디서 끝을 내야 할지 결정하기 어려워 결국은 강의가 엉망진창이 되고 말았다.

내 쪽에서 맺고 끊음을 제대로 못해 스스로 화가 난 경험도 있다. 어느 월요일 아침, 출근을 하자마자 한 지인이 전화를 걸어왔다. 그러고는 대뜸 눈물을 터뜨리며 자기 남편과 싸운 이야기를 설명하기 시작했다. 한 주 중 긴장감과 스트레스가 가장 큰 월요일 아침 9시에 시시콜콜한 남의 집 가정사를 들어야 한다는 것은 정말 어려운 일이다. 게다가 월요일 아침은 할 일이 가장 많은 시간이 아닌가. 가까운 지인이니 안 들어줄 수도 없고, 당장 답을 줄 수 있는 문제도 아니어서(인간관계 문제는 상대적인 면도 봐야 하므로 간단한 사정만 듣고는 답을 주기가 어렵다) 조금 더 생각해보고 어떻게 해야 할지 연락을 주겠다고 말하며 간신히 전화를 끊었다. 얼마 후 약속대로 그녀에게 전화를 했다. 그랬더니 놀랍게도 그녀는 친구들과 놀면서 하하 호호 웃다가 전화를 받는 것이 아닌가.

내 마음은 분노로 요동쳤다. 하지만 그때 내가 어떤 상황인지 설명하고 분명히 맺고 끊지 못한 내 잘못이라고 생각하니, 그 분노가 조금은 가라앉았다. 만약 내가 지금 바쁘니 나중에 통화하자고 하면 그것을 이해 못할 사람도 아니었는데, 그 말을 못한 내가 문제였던 것이다. 생각해보니 나 역시도 누군가에게 상대의 입장을 생각 안 하고 구구절절 내 말만 한 적이 많았다. 결국 그녀의 모습도 내가 언젠가 누군가에게 보일 수 있는 모습이었다.

사람들은 저마다 생김새가 다르듯, 너무도 많은 모습을 지니고 있다. 한 사람의 속에도 다양성이 존재한다. 그런가 하면 대개 흔들리는 것은 나인데, 정작 상대의 한결같지 않음을 탓하기도 한다. 나는 늘 흔들리면서 상대는 한결같기를 바라는 마음이 인간관계의 어려움을 낳는다. 상대가 내 마음에 들 때는 사랑하다가 아닐 땐 헤어지고 싶은 마음, 그런 마음이라면 절대 가까이 두고 만날 사람을 만들지 못한다. 이를 깨닫는다면 인간관계에서 오는 작은 오해와 상처에서 벗어날 수 있다.

결국 크고 작은 바람에 휘둘리지 않는 진중함이나 담백함은 주식이나 인간관계에서 다 필요한 속성이다. 어느 주식을 사서, 언제 팔아 얼마만큼의 이익이나 손해를 보는 것도 결국은 내 결정에 의한 것이다. 마찬가지로 인간관계에서도 내가 어떻게 했느냐에 따라 결과가 달라진다는 점을 받아들여야 하지 않을까.

절박하다고 해서
칼날을 잡아서는 안 된다

⌣

인생의 모든 부분이 그러하듯 절박할수록, 원하는 목표
가 클수록 불안감은 더 커지기 마련이다. 그러면 그 불안
감이 우리의 뇌에 스트레스로 작용해 기억력과 판단력, 집
중력을 떨어뜨린다. 이는 우리가 절박하다고 느끼는 순간,
그래서는 안 된다는 걸 알면서도 불행한 선택을 하는 이유
중 하나다.

언젠가 택시를 타고 기사와 이야기를 나누는데, 자신
은 오후 3시 이후에야 영업을 시작한다고 말했다. 3시까
지는 주식에 몰두하기 때문이란다. 현재 그는 투자한 돈

을 다 잃고, 남은 것이라곤 지금 운전하고 있는 개인택시 한 대뿐이라고 했다. 그는 곧 택시마저도 팔아 주식을 할 거라며 비장하게 말했다. 나는 그것마저 잃으면 어쩌나 싶어 물어보았다. 그러자 그는 이거라도 팔아 투자하지 않으면 내가 어디서 잃어버린 돈을 보상받겠느냐며 화를 냈다. 아마도 그는 불안한 마음에 하소연을 해본 건데, 부정적인 피드백을 받자 울컥한 것 같았다.

민망해진 나는 입을 다물고 말았다. 지금껏 잃기만 했는데, 택시마저 팔아 주식을 한들 잃어버린 돈을 찾을 수나 있을까 싶었다. 그러면서 내심 '아무리 절박한 상황에 놓였다고 해도 칼날을 잡아서는 안 된다'는 생각이 들어 더욱 안타까웠다.

물론 나 역시 잘못될 줄을 알면서도 어리석은 짓을 하곤 한다. 인간이 지닌 오점 중 하나다. 오점임을 알면서도 발을 들이고 마는 존재가 인간인 것을 어쩌랴. 더욱이 욕망이 커지다 보면 자신도 모르게 그 욕망을 노골적으로 드러내어 일을 망치기도 한다.

무슨 수를 써서라도 계층의 사다리를 타고 올라가 상류층에 진입해야겠다는 야심으로 가득 찬 남자가 있었다. 그는 '평범한 삶'이나 '보통 사람'이라는 말을 입 밖에 내는 건 물론이고, 듣는 것조차 혐오했다.

사실 그는 평범함조차 사치로 느껴질 만큼 가난한 어린 시절을 보냈다. 다행히 머리가 좋아 선생님과 친척들의 도움을 받아가며 소위 명문대를 졸업할 수 있었다. 그의 목표는 오직 하나였다. 빨리 돈을 벌어 이 지긋지긋한 가난을 물려준 부모와 작별하는 것. 그는 대기업에 취직해 악착같이 월급을 모아 종잣돈을 마련한 뒤 곧바로 자기 사업을 차렸다. 획기적인 아이디어로 벤처 투자가들로부터 자금 지원도 받았다.

사업 운마저 따랐는지 회사는 그의 기대보다 훨씬 더 잘 운영되었다. 그는 오래전부터 결혼도 자신의 야망에 절대적으로 도움이 되는 여자와 할 마음이었다. 그에 따르는 계획도 완벽했다. 역시 이번에도 운이 따랐는지 그는 부동산 투자로 어마어마한 부자가 된 집안의 외동 사위가 되었다. 기반이 어느 정도 갖춰졌다고 판단한 그는 더 높은 계층으로 진입하기 위해, 그때부터 자신보다 우위에 있는 사람들만 상대하려고 들었다.

그런데 그에겐 한 가지 문제가 있었다. 고수라면 자신의 야심을 적절하게 은폐했을 테지만 그는 누구에게든 적나라하게 야심을 드러냈던 것이다. 물론 이는 자신도 모르게 나온 행동이었다. 그러므로 그는 자신의 처신이 때때로 속되고 우스꽝스러우며 부자연스럽다는 것을 알지 못했다. 물론 등 뒤에서 노골적으로 비웃는 사람들이 있다는 사실까지도.

그러던 차에 한순간의 실수로 사업에 큰 타격을 입는 일이 발생했다. 그는 당연히 아내와 장인이 도와줄 것이라고 생각했다. 그런데 아니었다. 그의 눈물 섞인 애원에도 장인은 냉정했다. 절박해진 그는 장인이 도와주지 않으면 아내와의 이혼도 불사하겠다고 선언했다. 그러자 놀랍게도 아내는 "그러고 싶으면 그러든지"라며 집을 나갔다. 알고 보니 아내에게는 오랫동안 관계를 이어온 외도 상대가 있었다.

결국 그는 사업도 결혼 생활도 실패하고 말았다. 그리고 자신이 그토록 경멸하고 혐오하던 예전의 '평범한 삶'으로 돌아올 수밖에 없었다. 우울증을 견디지 못하고 자살을 시도한 끝에 어느 지인의 소개로 나를 찾아오게 되었다.

그의 사연을 들으며 새삼 "내가 아닌 다른 사람이 되고 싶은 동경, 인간에게 그보다 더한 시련은 없다"라는 헝가리의 대문호 산도르 마라이의 말이 떠올랐다. 산도르 마라이는 이어서 "자신이 가지고 있는 것과 세상이 차지하고 있는 것을 타협할 때만 삶을 견딜 수 있기 때문이다"라는 말을 덧붙였는데, 참으로 공감하지 않을 수 없었다.

다행히 그는 지속적인 상담을 거쳐 그동안 자신이 인간으로서 지녀야 할 마지막 자존심마저 헛된 야심과 바꾸려 고군분투해왔다는 사실을 이해했다. 덕분에 적절한 회복 탄력성을 갖게 되었고, 새로운 삶을 향해 조금은 가벼워진 발걸음을 내디딜 수 있었다.

앞서 택시 기사의 사례도, 야심 가득한 남자의 사연도 우리 인간이 때때로 얼마나 어리석은 선택을 할 수 있는지 잘 보여준다. 아무리 절박한 상황이라도 칼날을 잡는 실수에까지는 이르지 말아야 한다는 점도 말이다. 자신이 칼날을 잡고 있으면서도 그 칼날을 스스로 다룰 수 있다고 착각하는 자만심도 문제다. 그런 자만심에서 벗어나기 위해 우리는 늘 스스로를 돌아봐야 한다. 그리고 자신에게 진정으로 조언해줄 수 있는 사람을 찾아야 한다. 아부가 아닌 진짜 조언을.

인간은 거울을 보기 전까지는 자신의 모습을 알지 못한다. 그리고 대부분 거울에 비친 내 모습은 실망스럽다. 하지만 우리가 거울에 있는 내 모습을 있는 그대로 받아들이는 것처럼, 조언 역시 있는 그대로 들을 수 있는 열린 마음을 지녀야 할 것이다. 그리고 설령 추락했다 하더라도 다시 일어설 수 있다는 믿음을 가질 필요도 있다.

인생은 끝날 때까지 정말로 끝난 게 아니다. 앞서 사례로 소개한, 모든 것을 다 잃었다고 이제는 길이 없다고 생각했던 남자에게 내가 한 가지 질문을 던졌다. 지금껏 인생에서 해보지 못한 게 무엇이냐고. 한참을 생각한 끝에 그는 이렇게 대답했다.

"아, 못해본 게 참 많네요. 다른 사람에게 진정한 관심을 보이지도 못했고 배려를 하지도 못했으며, 칭찬도 못해줬어요. 책 한 권 제대로 읽지 않았고, 자연을 찾지도 않았고요. 앞으로 할 게 참 많네요."

그리고 그는 지금 말한 내용들을 자신의 버킷 리스트로 정하겠다고 했다. 내가 담백하게 살기를 버킷 리스트로 정한 것처럼. 그런 그를 격려해주며 기나긴 상담을 마쳤다.

분노하기 전에
작은 상처부터 다독이기를

⌣

어느 책에선가 "누군가를 싫어하는 데에도 참 많은 에너지가 필요하다"라는 대목을 읽고 크게 공감한 적이 있다.

사람 사이는 어느 날 갑자기 나빠지지 않는다. 흰개미가 오랜 시간 나무 기둥을 갉아먹은 끝에 집이 무너지듯이, 사소한 상처들이 차곡차곡 쌓여나가다 한꺼번에 관계가 무너지는 것이다. 그리고 이는 대부분 저항과 분노, 거부와 억압의 단계를 거친다.

첫 번째 단계인 '저항'은 상대방의 감정이나 언동이 불쾌해서 비난하고 싶은 욕구를 억누를 수 없을 때 일어난다. 예를 들어 가족이 모여 식사하는 자리에서 남편이 시어머니를 앞에 두고 아내에게 "당신이 만든 음식은 맛이 없어"라고 말했다고 가정해보자. 아내는 그 말에 기분이 나빠지면서 저항감을 느낄 것이다. 남편의 경우도 마찬가지다. 어쩌다 열심히 애써서 멋을 냈는데 그 모습을 보고 아내가 "무슨 차림이 그래? 촌스럽게"라고 무 자르듯이 말했다면 기분이 어떨까? 남편 역시 저항감을 느끼기 마련이다.

하지만 대부분의 인간관계에서 그런 사소한 저항감은 무시된다. 기질에 따라서는 그 자리에서 즉시 발끈하고 화를 내는 사람도 있지만, 그런 경우는 드물다. 대개는 아무 일도 일어나지 않은 것처럼 자신의 감정을 무시하는 경우가 더 많다. 하지만 그런 일들이 되풀이될 경우 결국 문제가 커진다. 어느 순간 '분노'가 치밀어 오르는 것이다. 물론 그런 상황에서 분노의 감정을 건강하게 표출하고 서로 대화를 통해 해결하고자 노력하면 문제가 커지지 않는다. 하지만 그러지 못할 때는 곧바로 '거부'의 단계로 넘어간다.

거부는 신체적이든 감정적이든 서로 분리된 상태를 뜻한다. 거부의 감정은 적극적인 거부의 형태로 나타나기도 하고 수동적인 형태로 나타나기도 한다. 적극적인 거부는 상대방을 향해 언어폭력을 행사하거나, 반대로 침묵으로 일관하거나, 부부 사이라면 성관계를 거부하거나, 집 밖에서 대부분의 시간을 보내거나, 싸우고 가출하는 등의 형태로 나타난다. 수동적인 거부는 흔히 '수동공격성'이라고 말하는데, 상대가 원하는 것이 무엇인지 알면서도 이를 무시하는 형태로 나타난다. 예를 들어 아내가 주말에 같이 시간 보내기를 원한다는 걸 알면서도 남편은 일부러 친구들과 약속을 잡는 경우다. 때때로 상대의 기분을 일부러 나쁘게 만드는 행동을 하기도 한다. 상대가 조용히 있고 싶어 하는 걸 알면서도 일부러 텔레비전 소리를 크게 트는 행동도 포함된다.

이런 단계도 지나면 마지막 단계인 '억압'으로 진입한다. 억압이란 '정서적 무감동' 상태를 의미한다. 저항하고, 분노하고, 거부하고 싶은 모든 감정을 내면 깊숙한 곳으로 치운 다음, 아예 아무런 감정도 느끼지 못하도록 자신을 억압하는 것이다. 그러면서 자신을 향해 이렇게 설득한다.

'더 이상 싸울 가치도 없어.'

'아무렴 무슨 상관이야.'

'관계 개선? 피곤한 일이야. 그럴 힘도 없고.'

부부 사이라면 '그냥 이대로 살지 뭐. 우리 부부만 그런 것도 아닐 텐데'라고 생각하거나, '다들 겉보기에만 그럴싸하지, 우리랑 다를 것도 없는데 뭐. 우리도 그냥 남들 눈에만 문제 있는 부부로 비치지 않으면 돼'라고 스스로를 설득한다. 그러다가 이윽고 진짜 냉랭한 부부가 되고 마는 것이다.

부부 사이의 그러한 정서적 무감동 상태는 두 사람의 관계 영역만 파괴하는 것이 아니다. 각자의 인생 전반에 스며들어 생활의 열정과 활기를 빼앗아간다. 그때부터 일상은 언제나 똑같이 지루하고, 삶은 무의미해진다.

그런 부부 혹은 커플들에게는 공통된 특징이 있다. 의식적으로는 자신에게 아무런 문제가 없다고 여기려 애쓴다는 것이다. 그러면서 그 어떤 친밀감도 나누지 않고 하루하루를 그저 힘겹게 살아간다. 겉으로는 간단한 말다툼조차 하지 않으며 깍듯이 예의를 지키는 부부도 있다. 그러면서 태연하게 외도를 하거나, 알코올이나 과식, 약물 등의 문제를 일으키곤 한다. 그도 아니면 오로지 일에 몰두함으로써 자신에게조차 자신의 감정을 철저히 은폐한다.

부부 사이뿐만 아니라 일반적인 인간관계에서도 서로 소통하고 이해하지 않는다면, 작은 일로도 상처와 갈등, 그로 인한 분노가 생겨나기 마련이다. 그리고 대개 분노의 감정은 마음속에 가둬둘수록 다스리기가 점점 더 어려워진다. 건강한 삶을 위해서는 그런 일이 일어나기 전에 미리 치유의 방법을 찾아야 한다.

이를 위해 가장 먼저 해야 할 일이 있다. '자신이 경험하는 작은 마음의 상처에 관심을 기울이는 것'이다. 자신의 감정이 보내는 메시지를 이해하려고 애써야 한다. 그런 다음 상처를 준 상대에게 내 마음속 메시지를 솔직하게 표현할 수 있어야 한다. 물론 그럴 때 비난과 논쟁을 앞세워서는 안 된다. 다만 자신이 왜 화가 났는지, 그 일로 인해 받은 마음의 상처와 슬픔, 분노가 어떤 것인지 간단명료하게 전달하면 된다. 우리는 가까운 관계일수록 진짜 자기 마음 속 상처보다는 다소 지엽적이고 사소한 문제로 다투곤 한다. 진짜 문제를 드러냈을 때 상대의 반응이 무섭기 때문이다. 그러나 병을 치유하려면 원인을 찾아야 하듯이, 그 과정이 비록 고통스러울지라도 진짜 문제를 드러내는 용기가 필요하다.

또한 상대방에 대한 인격적 모독이 아니라 '행동'에 초점을 맞추는 것이 중요하다. 어떤 경우에도 분노를 폭발하는 행동은 관계 개선에 도움이 되지 않는다. 이렇게 말하면 "그럼 평생 참기만 하고 살라는 건가요?"라고 반문하는 사람들이 있다. 그럴 때 나는 참을 만하면 참는 것도 한 방법이라고 대답해준다. 참는다는 건 비생산적이고 파괴적인 감정을 절제하고, 자신에게 도움이 되는 때를 기다린다는 것을 의미하기 때문이다.

어떤 사람들은 자신이 느끼는 감정을 있는 그대로 다 표현하는 것이 솔직한 삶이라고 생각한다. 그러나 만약 우리가 외부에서 들어오는 모든 정보를 여과하지 않고 받아들인다면 어떻게 될까? 아마 정신적으로 견디지 못할 것이다. 정신이 건강하다는 것은 자신에게 필요한 정보만 받아들이는 시스템이 작동됨을 의미한다. 그리고 이는 감정 표현에서도 마찬가지다. 가장 튼튼한 여과 장치를 거친 후에 표현해야 하는 것이 감정이다.

그다음으로는 분노와 미움에 참으로 많은 나의 에너지가 소모된다는 점을 인정해야 한다. 실제로 누군가를 미워하려면 정말 많은 것을 붙잡고 있어야 한다. 그러는 동안 정작 내 인생에서 중요한 것들은 대부분 간과되거나 흔적 없이 사라지고 만다.

그러니 상대를 위해 노력하는 게 아니라 '나를 위해' 노력한다고 생각해야 한다. 누군가로 인해 내 마음을, 내 시간을 분노로 채울 필요가 없다. 물론 어려운 일이다. 그러나 그렇게 생각하려고 노력하는 데 드는 에너지가 누군가

를 미워하고 분노하는 데 낭비하는 에너지보다 더 적다는
점은 분명하다.

열등감이라는
어두운 그림자

고故 노무현 전 대통령이 막 대통령에 당선되었을 무렵이었다. 당시 우리나라에서 소위 상위 몇 퍼센트 안에 드는 학벌과 직업을 자랑하는 사람들을 만날 기회가 있었다. 그때 한 사람이 나에게 "노 대통령의 심리에 대해 한마디 해달라"라고 말했다. 그 무렵 거의 모든 매스컴이 대학을 나오지 않은 대통령의 학벌과 그에 따르는 '학벌 콤플렉스'를 운운하는 기사를 요란하게 쏟아내고 있었다. 아마 그때만큼 사람들이 대통령의 심리를 궁금해 한 적도 없었을 것이다. 대통령의 목소리를 분석해달라는 기자도 있을 정도였다.

하지만 일반적인 사람들이 열등감을 운운하는 것과 정신과 의사가 누군가의 열등감을 말한다는 건 차원이 다르다. 그래서 미국 정신과학회에서는 정신과 의사가 현존하는 사람들에 대해 매스컴에서 이야기하는 것을 절대적으로 금지하고 있다. 심지어 트럼프 대통령에 대해서조차도. 물론 그 원칙을 깨고 용감하게 책을 낸 정신과 의사도 있지만 말이다.

어쨌든 그가 왜 그런 질문을 했는지, 또 어떤 대답을 바라고 있는지 알 만한 상황이었다. 그는 평소 자기가 졸업한 대학에 대해 자긍심이 지나치게 대단한 사람으로 알려져 있었기 때문이다.

물론 나는 그가 원하는 대답을 해줄 수 없었다. 정중하게 "노코멘트"라고 했더니, 놀랍게도 그가 화를 내기 시작했다. 나중에는 언제부터 이 정권과 야합했느냐는 말까지 나올 정도였다. 사람들이 나서서 중재한 덕분에 그냥 넘어가기는 했지만, 나로서는 당혹스러운 경험이었다. 아무튼 나는 당시 그 사람을 보면서 '열등감은 당신이 더 큰 것 같네요'라고 생각했다. 자만심이 지나치게 강한 사람일수록 오히려 열등감을 감추기 위해 목에 힘을 주는 경우가 많기 때문이다.

어떤 의미에서 똑똑한 사람들이 저지르는 실수 중에는 열등감과 자만심의 공존이 원인인 경우가 꽤 많다. 모순된 감정이지만, 우리의 내면을 깊이 들여다보면 그렇지 않다고 말하기도 어렵다. 그리고 대개의 경우 자만심보다는 열등감이 더 큰 영향을 미친다. 사람들은 생각보다 자기 신뢰가 낮다. 현실적으로 많은 것을 이룬 것 같은 사람들도 열등감으로 힘들어한다. 자신에게 부과하는 기대치가 너무 높은 탓이다.

언젠가 외국에서도 손꼽히는 대학 출신에다가 외모도 거의 탤런트 수준인 여성이 자신감이 없다며 나를 찾아왔다. 그녀의 문제는 자신이 갖춘 외적 조건과는 별개로, 스스로 쌓아올린 열등감에서 벗어나지 못한다는 데 있었다. 그녀는 끊임없이 자기보다 나은 것 같아 보이는 사람들과 자신을 비교했고, 그들보다 자신이 못났다는 생각을 떨쳐

내지 못했다. 그러다 보니 사람들을 만나는 것조차 몹시 어려워했다. 특히 처음 만나는 사람들 앞에서 느끼는 긴 장감은 말로 다 표현할 수 없을 정도라고 했다. 자신이 뭔가 실수하지 않을까 싶은 불안감이 너무 큰 탓이었다. 남자 친구를 만나도 관계를 오래 이어가지 못했다. 이 사람이 나를 정말 좋아하는 걸까 의심이 가고, 그런 의심이 집착을 가져왔기 때문이다.

꽤 많은 남자가 그녀의 외모에 반해 먼저 데이트 신청을 하곤 했다. 하지만 결국 이별을 고하는 쪽 역시 그들이었다. 그녀의 이해하기 힘든 의심과 집착을 감당하기 어려웠던 것이다. 물론 그들 중 대부분은 그 원인이 그녀의 열등감이라고는 생각하지 못했다.

열등감은 인간이 지닌 감정 중에서도 참으로 미묘하다. 남들이 보기에 열등감을 느낄 것 같은 상황에서도 당당한 사람이 있는가 하면, 남들이 부러워하는 것을 다 가졌음에도 내면에 열등감이 자리 잡고 있는 경우가 있으니 말이다.

열등감은 우리 내부에 자리 잡고 있으면서 나의 성격과

삶을 조종하는, 일종의 어두운 그림자다. 이 그림자는 때때로 마치 독립된 인격체라도 되는 듯이 독자적인 방식으로 우리 인생에서 전횡을 휘두르기도 한다. 이 때문에 수많은 작가들이 인간의 심리 중 열등감을 가장 많이 묘사하고 있는 게 아닐까. 예를 들어 베스트셀러 종교 서적을 여러 권 쓴 미국의 목회자 데이비드 A. 시멘즈는 "열등감이 인간의 잠재력을 마비시킨다"라고 주장한다. 나 역시 그의 의견에 전적으로 동의한다. 그의 이야기를 좀 더 들어보면 다음과 같다.

"나는 여러 사역처에서 열등감이 사람에게 미치는 무시무시한 영향력을 보아왔다. 인간의 잠재력이 비극적으로 손실되고, 물이 밑바닥으로 새어나가는 것 같은 삶, 못쓰게 된 은사들, 금광과 같은 인간의 능력과 가능성이 새어나가는 모습들을 목격해왔다. 그리고 마음속으로 울었다. 하나님께서도 그것을 보고 우신다는 걸 당신도 알고 있는가?"

잠재력의 손실을 막기 위해서는 먼저 자신의 모습을 있는 그대로 인정하는 자세가 필요하다. 자신의 장점은 물론이고 약점까지도 다 받아들이기 위해 애쓰다 보면, 열등감이라는 그림자에서 조금은 자유로워질 수 있다.

나는 다만 여기서 열등감이라는 감정이 꼭 나쁜 것만은 아니라는 점을 말해두고 싶다. 만약 모든 걸 다 갖추고 있다면, 우리는 삶에서 더 이상의 흥미나 성취 동기를 느끼지 못할지도 모른다. 그런 의미에서 열등감은 성장의 밑거름으로 작용할 수 있다. 누구도 모든 것을 다 갖춘 채 태어나지 못한다. 이를 받아들이는 것이 열등감을 치유하는 첫걸음이다.

마음에 여유를 갖는 건
삶의 어느 순간에서든 정말로 중요하다.
인간관계도 담백해지므로 누구에게나
자연스럽고 편안하게 다가갈 수 있다.
우린 너 나 할 것 없이
담백하고 편안한 사람에게 호감을 느낀다.
호감을 느끼는 상대에게
잘해주고 싶은 마음은 인지상정이다.

담백한 삶을 위한 마음 솔루션

4장

손실 혐오에서만 벗어나도
절반은 성공이다

전문적으로 투자를 해본 사람이라면 대부분 '손실 혐오의 법칙'에 대해 알 것이다. 또한 어휘 자체에 대한 정확한 뜻은 몰라도 '손해를 인정하기 거부하는 마음'에 대해선 다들 경험이 있을 것이다. 그와 같은 심리를 손실 혐오의 법칙이라고 한다. 투자 전문가들에 따르면, 사람들은 돈이 오가는 투자를 할 때조차 경제 논리보다는 자신의 감정에 충실하려는 경향을 갖고 있다고 한다. 설마 그럴 리가 있겠느냐마는 손실 혐오의 법칙이라는 말까지 생겨난 걸 보면, 그런 경향이 실제로 있는 듯하다.

세계적인 채권 투자가 빌 그로스는 이런 말을 했다.

> "많은 고객이 손해를 보는 시점에선 아무도 팔지 않으려고 한다. 그들은 특정한 투자에서 이익을 얻을 수 있다는 희망을 버리지 않는다. 원금이라도 찾은 후에 그만두려고 한다. 그런 병의 피해는 특히 주식 투자에서 심하게 나타난다. 주식 투자가들은 대부분 손해를 인정하려 하지 않는다. 그건 곧 자신들의 판단이 틀렸음을 증명하는 것이기 때문이다."

실제로 많은 사람이 순전히 감정적인 영향 때문에 '좋은 주식은 너무 일찍 팔고, 나쁜 주식은 오래 갖고 있다'고 한다. 이러한 사실을 "무언가를 잃는다는 사실로 인해 받는 정서적 충격 때문에 우리는 그것을 잃지 않으려는 강한 동기를 지니고 있다"라는 말로 해석하는 사람도 있다.

잃지 않으려는 동기와 법칙은 삶 어디에나 적용된다. 누구에게나 현재의 상태가 늘 만족스러운 것은 아니다. 살다 보면 도저히 이건 아니다 싶은 때를 만나기도 하는 것이 인생이다. 그럴 때 문득 '지금의 생활이 매우 잘못되어가고 있으며, 조금이라도 나아지려면 하루빨리 이 상태를 개선해야 한다'는 것을 깨닫게 되는 시점이 있다. 그런데 하필 그때 우리의 발목을 잡는 것이 바로 '손실 혐오의 법칙'이다.

> "내가 이제까지 뭣 때문에 이 고생을 하고 여기까지 왔는데. 지금 힘들다고 손을 들면 결국 손해 보는 건 내가 아닌가. 아니, 이제껏 참았는데 조금 더 참는다고 어떻게 되진 않을 거야. 지금 손을 떼면 그동안 투자한 것들이 너무 억울하잖아. 그럴 순 없어."

아마 살면서 이런 생각을 한두 번 안 해본 사람은 없을 것이다. 그래서 많은 사람이 현재의 부당한 상황을 참는다. 상황을 변화시키고 개선하려면 어떤 식으로든 다른 행동을 해야만 한다. 그런데 본디 우리의 의식은 변화를 싫어한다. 그것도 거의 '결사적으로' 싫어한다. 변화하기 위해서는 험한 전투를 치러야 하기 때문이다. 거기에 손실을 인정하기 거부하는 심리까지 더해지면 변화를 위해 행동에 나서는 일은 애초에 불가능하다. 그래서 우리는 결국 지금의 생활이 아무리 지리멸렬하고 어리석고 분통 터져도 웬만해선 떨치고 일어설 생각을 못하는 것이다.

실제로 임상에서 내가 만난 사람들 중에는 이와 비슷한 딜레마에 빠진 사람들이 생각보다 많다. 상태가 심각한가 아닌가의 차이만 있을 뿐 대부분의 사람들이 손실 혐오의 법칙에 시달리고 있다. 그리고 이는 결코 시간이 해결해주지 않는다.

어느 날 40대 후반의 여성이 찾아왔다. 결혼 생활을 끝내고 싶은데 결심이 안 선다는 표면적인 이유에서였다.

"제 결혼 생활을 한마디로 정의해볼까요?"

첫 상담 때 그녀가 한 말이었다.

"그건 바로 손실 혐오의 법칙, 그 이상도 그 이하도 아닌 것 같아요."

그녀는 어디선가 결혼 생활에 뒤따르는 손실 혐오의 법칙에 대해 내가 쓴 글을 읽었다고 했다. 그 순간 마치 누군가 정수리에 찬물을 확 끼얹는 듯한 기분을 느꼈다고 했다.

"그동안 살면서 힘들 때가 너무 많았는데, 그러면서도 정확하게 제 심정을 표현할 말을 모르고 있었어요. 그런데 그 글을 보는 순간 마치 제 이야기를 하고 있단 걸 단박에 깨달았습니다."

그녀는 이런 심정도 털어놓았다.

"남편이 점점 낯선 사람처럼 느껴져요. 완전히 모르는 사람이라면 차라리 나을 거예요. 한때 잘 알고 친하게 지낸 적도 있지만 이젠 더 이상 아무런 친밀감도 남아 있지 않다고나 할까요? 아마도 그래서 낯선 느낌으로 다가오는 것 같아요."

그녀는 언제부턴가 '낯선 사람'이 되어버린 남편과 이혼하기를 원했다.

"나이 오십이 다 되어 가는데 이혼 운운한다는 게 쉽지는 않습니다. 하지만 이젠 아이도 다 컸고, 더 이상 모르는 사람보다 못한 남편과 한 집에서 살고 싶지 않아요."

그러면서도 그녀는 이 모든 문제가 남편 탓만은 아니라고 말했다. 단지 언제부터인가 문제가 생겼고 그걸 해결하지 못한 채 시간이 흐르다 보니, 이제는 문제가 굳은살처럼 딱딱하게 박여서 계속 자신을 찌르는 듯한 느낌이라고 설명했다. 그래서 이혼을 하고 싶은데 과연 그것이 최선인지에 대해서도 확신이 안 선다고 했다.

"손실 혐오의 법칙이 저를 아직까지 놔주지 않고 있는 거예요. 이 나이에 이혼을 하자니 살아온 시간들이 너무 허무하잖아요. 그동안 잘 살아보려고 발버둥 쳐온 세월이 얼만데……."

이런 생각에 늘 주저앉곤 했는데 지금도 여전히 힘들다고 했다.

그녀의 경우처럼 중년에 접어들어 인생의 다양한 위기를 겪는 사람들이 생각보다 많다. 그중에서도 결혼 생활이 파탄에 이르는 것만큼 사람을 힘들게 하는 것도 없다. 한때 너무나도 사랑했고 또 가까웠던 사이였는데, 어느 순간부터인가 서로에게 가장 지독한 상처와 좌절을 안겨주는 상대가 되고 말았을 때 이를 쉽게 받아들일 수 있는 사람이 어디 있겠는가.

더구나 그런 경우 많은 부부가 자신들이 입은 손실을 인정하기 거부하는 심리, 혹시라도 그것을 인정했다가 진짜 파국으로 치달을까 두려워하는 심리 때문에 그 자리에서 한 발자국도 움직이지 못한다. 그저 시간이 해결해주기만을 기다릴 뿐이다.

그러나 설사 백만 년의 시간이 흘러도 문제는 결코 해결되는 법이 없다. 차라리 손실을 빠르게 인정하고, 거기에서부터 해법을 찾아야 한다. 한마디로 '손실 혐오의 법칙에서 벗어나는 것'만으로도 많은 문제가 절반은 해결된다. 따라서 손실을 인정해야 할 때에는 과감히 인정하는 자세가 필요하다. 그런 다음, 앞으로의 삶을 좀 더 가볍고 담백하게 살아갈 길을 모색해야 한다. 만약 그러지 못하면 우리는 인생에서 대부분의 투자금을 회수하지 못할지도 모른다. 담백한 삶을 진정 내 것으로 하기가 어려울 것이다.

내 인복은
내가 만들어가는 편이 낫다

경제적 어려움 때문에 자신이 원하는 대학에 가지 못하고, 직장 생활 내내 열등감에 시달렸다는 사람이 찾아왔다. 하지만 그는 그 나름대로 열등감을 잘 극복해 사회적으로 성공하고, 스스로 원하는 만큼 부자도 되었다. 문제는 그다음이었다. 누구를 보든지 지적하고 야단치고 가르치려드는 탓에 어느 누구도 그를 좋아하지 않았다. 그는 자신에게 문제가 있음을 전혀 인정하지 않았다. 오히려 왜 자기 주위에는 이렇게 못난 사람들이 많은지, 난 왜 이렇게 인복이 없는지에 대해서만 한탄했다.

상담을 하면서 가장 많이 듣는 이야기 중 하나가 "인복이 없다"라는 말이다. 그들은 한결같이 인복이 없어 불행하고 슬프다고 주장한다. 그런 말을 들을 때마다 나는 '인복이란 대체 무엇인가' 생각해보게 된다.

흔히 '인복이 있다'는 말은 자신을 아낌없이 사랑해주고 물질적으로 풍요롭게 해주는 배우자나 부모, 혹은 친구를 만났음을 의미한다. 또 사회에서 만나는 사람마다 자신에게 잘해주고, 원하는 대로 이끌어주는 경우에도 인복이 있다고들 한다.

그런데 과연 우리가 살면서 그런 사람을 만날 확률이 얼마나 될까? 적어도 매우 낮은 것만은 확실하다. 그토록 많은 사람이 '인복이 없다'고 한탄하는 것만 봐도 그렇다. 그러므로 하루빨리 그런 사실을 자각하는 것이야말로 담백하고 편안한 인간관계를 해가는 방법 중 하나가 아닐까 싶다. '인복'이라는 높은 기대치를 버리고, 어떤 인간관계에서든 크고 작은 상처와 갈등이 늘 함께하기 마련이라는 사실을 받아들이는 것이다.

자연의 바람은 늘 사방을 오가며 불지만 우리는 그것을

잘 인식하지 못한다. 인생살이에도 바람 불지 않는 날은 거의 없다. 우리는 늘 인생의 바람 앞에 좌절하고 상처받는다. 그런데 많은 사람이 그것이 삶이고 인생이라는 사실을 받아들이지 못한다. 내 인생만큼은 직선으로만 곧게 뻗어나가기를 바라는 마음이 너무 커서다. 인복이 없다는 한탄도 그래서 나오는 것이다.

그렇다면 반대로 '내가 직접 인복을 만들어가겠다'고 생각해보는 건 어떨까? 거창한 전략은 필요 없다. 단지 누구의 인생에나 그러하듯 내 인생에도 바람은 분다는 것, 특히 상처와 갈등 없는 인간관계는 없다는 사실을 받아들이고자 노력하면 그것으로 충분하다. 그런 노력이 이어지다보면 어느 순간 스트레스가 줄어들면서 인생을 바라보는 시각도 담백하고 편안해진다.

같은 사안을 두고도 마음이 편할 때와 스트레스로 가득할 때 엄청난 시각 차이가 발생한다. 작은 예로 내 마음에 여유가 있을 땐 누가 새치기를 해도 '어, 그래. 급한 일이 있나 보다'고 생각할 수 있다. 반대로 스트레스 때문에 속이 뒤집히기 일보 직전인데 누가 새치기를 했다면 어떨까? 나도 모르게 속에서 욱하고 치미는 화를 누를 길이 없을 것이다.

그러므로 마음에 여유를 갖는 건 삶의 어느 순간에서든 정말로 중요하다. 인간관계도 담백해지므로 누구에게나 자연스럽고 편안하게 다가갈 수 있다. 우린 너 나 할 것 없이 담백하고 편안한 사람에게 호감을 느낀다. 그리고 호감을 느끼는 상대에게 잘해주고 싶은 마음이 생기는 게 인지상정이다. 결과적으로 내 주위에 그런 사람이 많을수록 '인복 있는 사람'이 될 수 있다. 내 인복은 내가 만들어갈 수 있다는 뜻이다.

흔히 "아, 저 인간. 진짜 비호감이야"라는 평을 듣는 사람들을 보면 일정한 공통점이 있다. 솔직함을 표방하면서 상대방에게 지나치게 직설적으로 이야기하는 경우가 그렇다. 예를 들어 "넌 키가 작잖아. 그런데 그 옷이 어울린다고 생각해?"라고 말하는 상대에게 호감을 갖기란 어렵다. 뭐든지 비난하는 어투로 말하거나 작은 일에도 사사건건 지적하고 따지는 사람들도 있다. 내 경우, 대학 시절에 의학 용어 발음이 조금이라도 틀리면 그 자리에서 곧바로 지적하고 고쳐주어야 직성이 풀리는 동기가 있었다. 설령 좋은 의도를 갖고 있다고 해도 그런 사람과 지속적으로 상대하기란 여간 피곤한 일이 아니다.

이런 부류의 사람들을 만나면 "그러면 넌 뭐가 다른데? 너도 키 작잖아"라거나 "그렇게 남 지적하면 똑똑해 보이는 줄 알지?"라고 반발심을 느끼는 게 당연하다. 그래서 이참에 한판 붙어 말아 하고 고민하기도 한다. 그래봤자 갈등만 더 커질 게 뻔하므로 그냥 참고 말긴 하지만, 화가 나는 건 어쩔 수 없다. 그렇게 직설적이고 오만한 사람들을 만나면 그냥 지나치고 무시하는 게 가장 좋은 대응 방법이다. 언젠가 그들보다 더 강력한 적이 나타나 한 방에 무너질 수도 있으므로. 스스로 인복을 내치는 사람들에게 내 소중한 에너지를 쏠 필요가 없다.

스스로 자신은 인복이 없다고 한탄하는 사람들 중에는 인간관계를 손쉽게 생각하는 경우가 더러 있다. 그런 사람들에게는 인류 최초로 달을 밟은 우주비행사 버즈 올드린의 인터뷰를 들려주고 싶다. 우주 비행을 마치고 돌아온 그에게 기자는 이렇게 물었다.

"이제 마지막으로 남은 미개척 분야가 어디인 것 같습니까?"

그러자 그는 "인간관계"라고 답했다. 달 탐사보다도 어려운 인간관계를 내 맘대로 되지 않는다고 하여 '인복이 없다'고 한탄해선 안 되지 않을까. 최소한 골프나 테니스 훈련, 아니면 외국어 학습에 들이는 만큼의 노력이라도 기울이고 나서야 원망할 자격도 생기는 게 아닐까 싶다.

불필요한 것들로부터
현명하게 거리 두기

십여 년도 더 지난 일이다. 당시에 나는 가족을 주제로 어느 기자와 인터뷰를 했다. 그때 난 가족 간에도 적절한 거리가 필요하고, 인간관계에도 테크닉이 필요하다는 말을 했다. 그러자 그 기자는 거의 절규하듯 말했다.

"아니, 그게 어떻게 가족이고 진실한 관계죠?"

그로서는 테크닉이 필요한 인간관계는 더 이상 진실한 관계가 아니며, 피를 나눈 가족끼리 거리를 둔다면 그것 역시 더 이상 가족이 아니라는 생각이 강했던 모양이다.

그때만 해도 나는 그 기자와 비슷한 반응을 많이 마주했다. 하지만 세월이 흘러 이제는 많은 사람이 인간관계에도 테크닉이 필요하며, 아무리 가까운 사이라도 거리가 필요하다는 것을 이해하고 받아들이고 있다.

사실 거리 두기는 인간의 본성이다. 정신 의학적으로 건강하다는 것에는 여러 가지 기준이 있다. 그중에서 가장 기본적인 것은 삶의 각 단계마다 필요한 과제를 달성하는 것이다. 예를 들어 태어나서 가장 먼저 배워야 할 것은 '인간과 삶에 대한 기본적인 믿음'이다. 부모가 나를 사랑해주고 보호해준다는, 그래서 삶은 살아볼 만한 것임을 공기로 느껴야 한다.

그다음 단계가 '자율성'이다. 두 살 정도의 과정에 해당한다. 이때부터 아이는 자기가 먹고 싶은 시간에 먹고, 자기 몸에서 신호가 왔을 때에 맞춰 신체 활동을 하기 바란다. 부모는 아이의 몸이 보내는 신호를 알고 때맞춰 화장실에 데리고 간다. 그러면 아이는 '아, 내 몸이 보내는 신호에 맞춰 내가 나를 조절할 수 있구나'라고 배운다. 그러지 못하면 몸의 신호에 대해 수치심을 느낀다.

자율성을 배우고 난 뒤 아이는 '주도성'을 배운다. 흔히 미운 다섯 살이라고 말하는 그 나이 대에 해당한다. 이때 부터 아이는 "난 내 마음대로 하고 살 거야"를 외친다.

즉, 태어나서 우리가 극복해야 할 과제들은 바로 '나 자신을 주장하는 것' '나의 리듬에 맞게 살아가는 것'이다. 그런데 어느 순간부터 우리는 그런 본성을 잃어버린다. 사랑받고 싶고 인정받고 싶다는 욕구 때문이다. 어릴 때는 부모나 주위 사람들에게 인정받고 싶어서, 좀 더 자란 후에는 자신이 만나는 중요한 사람들에게 인정받고 싶어서 스스로의 자율성과 주도성을 감추곤 한다. 그러나 늘 거기에 대한 갈망은 남아 있다. 그것이 우리의 본성이기 때문이다. 결론적으로 인간관계에서 가장 필요한 기본은 '나의 울타리를 갖는 것'이라 할 수 있다.

언젠가 북촌 한옥 마을에 사는 지인을 만난 적이 있었다. 나도 모르게 "고즈넉하고 옛 정취도 느껴지는 곳에 사니 참 좋겠다"라고 말했다. 그러자 상대는 의외의 답을 했다. 길을 가면 집 안에서 나는 소리가 다 들린다, 그래서 앞

집 뒷집에 숟가락이 몇 개인지까지 다 알게 된다는 말이었다. 그런 환경을 힘들어하는 사람에게는 곤욕이 아닐 수 없다.

흥미로운 점은 아파트가 대표적인 주거 형태가 되고 그래서 옆집에 누가 사는지도 모른 채 살아가는 지금도, 우리는 인간관계에서만큼은 거리 두기를 어려워한다는 점이다. 그 이유는 대체로 친밀감에 대한 욕구, 거부불안 등에서 기인한다. 또 인간관계에서는 밀착하는 것이 친밀감이라고 생각하는 면도 작용한다. 그러다 보니 아내는 남편이 자기보다 시어머니와 더 가깝다고 느껴 고민하고, 남편은 아내가 자기 아이와 더 가까운 것 같아 고민하고, 학생들은 선생님이 나보다 다른 아이를 더 예뻐하는 것 같아 고민하고, 친구끼리도 내가 좋아하는 친구가 다른 친구를 더 좋아하는 것 같아 고민하는 것이다. 그러면서 상대의 손짓 하나, 말투 하나에까지 영향을 받는다. 인간관계에도 적절한 거리 두기가 필요하다고 말하면 펄쩍 뛰는 이유도 그 때문이다.

게다가 우리 대부분은 '착한 사람 콤플렉스'를 갖고 있다. 그래서 자기 주위에 있는 사람들과 다 잘 지내야 한다고 생각한다. 특히 가족 간에서는 더더욱 그렇다. 그러나 이 세상에는 정말로 내가 어떻게 해볼 도리가 없는 사람들도 있기 마련이다. 앞에서는 좋은 말만 하고 뒤에 가서는 욕을 한다거나, 열 개를 잘해주다가 한 개만 못해줘도 그걸 갖고 물고 늘어지는 사람도 있다. 시도 때도 없이 도움을 청하거나, 이 세상에서 자기가 제일 힘든 사람이니 모두가 나를 구원해줄 의무가 있다고 생각하는 사람도 있다. 주위 사람들을 모두 피곤하게 하면서 자기는 올바른 사람이라고 착각하는 경우도 있다.

그런 사람들과 함께 있다 보면 아무리 내 스스로 담백해지려고 마음먹어도 잘 안 된다. 언젠가 화분 갈이를 하러 꽃집을 찾았다. 그런데 내가 키우던 식물이 시들하게 말라 있는 걸 본 꽃집 주인은 잘못 뻗은 가지를 과감히 잘라내야 더 잘 자란다며 마구 가위질을 했다. 정말 화끈하게 가지들을 잘라내는데 옆에서 보기에 조마조마할 정도였다. 하지만 결과는 놀라웠다. 그가 말한 대로 풍성하고 아름답게 자라주었다. 새삼 그런 과정을 지켜보면서, 내가 정말로 불편함을 느끼는 관계는 과감하게 정리하거나 혹은 최소한의 일정 거리를 유지할 필요가 있겠다는 것을 상기하지 않을 수 없었다.

한때 "우리가 남이가"라는 말이 유행한 적이 있다. 그런데 생각해보면 우리는 정말로 서로에게 남이다. 상대가 누구든 그는 나와 다른 시각으로 세상을 보고, 나와 다른 생각을 하고, 나와 다른 경험을 하는 존재다. 그런 존재에게 "우리가 남이가"를 외치는 순간, 관계는 꼬일 수밖에 없다. 나와 상대가 엄연히 남이라는 사실만 받아들여도 우리는 적절한 거리 두기를 할 수 있다. 쉽게 말해 내가 기쁠 때 상대는 우울할 수 있고, 내가 먹고 싶은 것을 상대는 싫어할 수 있으며, 때로는 내 전화를 안 받을 수도 있다는 점을 인정하는 것만으로도 인간관계가 가볍고 담백해질 수 있다는 뜻이다.

비슷한 의미에서 인간관계에도 사계절이 있어서, 계절이 바뀌듯 자연스럽게 만나고 헤어지는 관계도 있음을 이해할 필요가 있다. 비즈니스 프로젝트를 함께 진행하고 헤어지듯이, 때로는 필요에 의해 만나고 헤어지는 관계도 있을 수 있다는 것을. 그러면 이별에 따르는 불필요한 불안과 걱정, 분노 등으로 내 심장을 아프게 하거나 무겁게 하지 않을 수 있지 않을까.

나를 둘러싼 인간관계에 현명하게 거리를 두고 균형을 유지하도록 스스로를 훈련할 필요도 있다. 인간관계를 적절히 정리할 용기도 필요하다. 정보는 아는 것이 힘이 되고 돈이 되기도 하지만, 가짜 뉴스도 넘쳐나 혼란을 주기도 한다. 그런 것처럼 지나치게 가지를 늘려나가는 인간관계는 오히려 혼란을 불러올 수 있다. 나뭇잎도 옆의 다른 나뭇잎과 지나치게 가까이 닿아 있는 것이 먼저 시든다고 한다. 그러니 가짜와 진짜를 구분하기 위해서라도 현명한 거리 두기는 반드시 필요하다. 그것이 내 인생을 담백하게 만드는 또 다른 비결이다.

시간에도
거리 두기가 필요하다

흔히 거리를 둔다고 하면 '물리적 거리'만 생각하는 경향이 있다. 하지만 시간에도 거리 두기가 필요하다. 다른 말로 하면 '현재 일어나고 있는 일에 대한 나의 반응을 조절할 수 있도록 시간을 벌어야 한다'는 것이다. 예를 들어 누군가와 갈등이 생겼을 때 당장 해결할 것인지 아니면 서로가 시간을 두고 살펴볼 것인지 생각해보는 일은 굉장히 중요하다. 그런데 우리는 후자를 마치 그저 미루어두는 것처럼 생각하는 경우가 많다.

연인 관계가 깨져 힘들어하는 친구가 있다고 가정해보

자. 대부분의 경우 우리는 그 친구가 얼른 그 일을 잊기를 바란다. 직접적으로 이런 조언을 하는 경우도 많다. 물론 가장 큰 이유는 친구가 이별의 아픔으로 오랫동안 괴로워하지 않기를 바라는 마음 때문이다. 그래서 '사람으로 생긴 상처는 사람으로 치유해야 한다'는 가장 흔한 이유를 대며 다른 사람을 만나보라고 권유하거나, 직접 그런 자리를 마련해주기도 한다.

불의의 사고나 질병으로 사랑하는 사람을 먼저 떠나보낸 사람에게도 비슷한 조언을 하는 사람들이 있다. 고통스러운 기억은 잊는 것이 최선이므로, 사랑하는 사람과 함께 살던 집을 팔고 완전히 새로운 곳에서 다시 시작하라거나, 그게 어려우면 그 사람에 대한 모든 것을 없애라고 조언한다. 그런데 사고 등으로 몸이 다치거나 내과적인 문제로 수술을 한 경우에는 그렇게 조언하지 않는다. 오히려 몸이 잘 회복되도록 시간을 두고 치유에 힘쓰라고 말한다. 마음은 빨리 치유하라고 하면서 몸은 천천히 치유하라고 말하는 것이다.

하지만 마음의 치유도 몸의 치유처럼 똑같이 시간이 필요하다. 몸의 어딘가를 다쳐 새살이 나고 상처가 아무는 데 6개월이 걸린다면, 마음도 마찬가지다. 아니, 마음의 치유에는 오히려 더 긴 시간이 필요할 가능성이 높다.

언젠가 텔레비전에서 놀라운 광경을 보았다. 사랑하는 주인이 죽은 다음, 그 스트레스로 인해 까만 털이 몽땅 하얗게 변해버린 강아지 이야기가 나왔다. 그런데 다른 가족이 그 개를 데리고 산책을 하다가 투병 중이던 주인이 입원했던 병원 앞을 지나게 되었다. 그리고 주인과 서로 던지기 놀이를 했던 원반도 보게 되었다. 그러자 놀라운 일이 벌어졌다. 개가 마치 사람이 아픈 것처럼 가슴을 쥐어뜯듯이, 그렇게 땅에서 뒹굴며 울음을 터뜨렸던 것이다. 그 모습에 나도 모르게 눈물이 났다.

그런데 이 이야기에는 더 놀라운 후일담이 있다. 주인이 죽은 후 3년이 지나면서부터 개의 하얀 털이 서서히 까만색으로 돌아오기 시작한 것이다. 녀석도 활기를 완전히 되찾았다. 본래의 까만 털로 돌아가 남은 가족들과 느긋하게 산책도 하고 여기저기 신나게 뛰어다녔다. 그 모습을 보고 있자니 이번에는 저절로 웃음이 났다. 강아지 한 마리가 그 짧은 시간 안에 나를 울리고 또 웃게 만든 셈이다. 그러면서 '시간이 약이다'라는 말이 괜히 있는 게 아니구나 하는 생각을 했다. 강아지에게도 그러할진대 사람은 무슨 말이 더 필요할까.

이별의 슬픔을 잊는 데에도, 분노의 감정을 삭이는 데에도 시간은 반드시 필요하다. 그런데 현재 우리는 뭐든지 즉각적으로 반응해야 하는 세상에 살고 있다. 특히 전화나 메시지가 그렇다. 그러다 보니 곧바로 반응을 보이지 않으면 당장 상대방의 마음을 의심하게 된다. 서로의 시간에 아주 조금의 틈도 주지 않으려 하는 것이다. 예를 들어 상대방이 내 메시지에 반응이 없으면 '뭔가 그럴 만한 사정이 있나 보다'라고 생각하면 된다. 시간적으로 거리를 두는 셈이다. 그러면 마음에도 그만큼의 여유가 생겨 아무런 파문이 남지 않는다.

우리는 힘든 일을 겪으면 가장 먼저 정신적 쇼크를 경험한다. 일종의 정신적 마비 상태에 놓이는 것이다. 이 역시 힘든 일로부터 우리를 보호하는 방어 기제다. 다시 말해서 즉각적으로 반응하는 것만이 옳은 일은 아닌 것이다.

많은 사람이 사회적 상황에서 적절한 반응을 보여야 할 때 그러지 못했다는 이유로 고민을 한다. 특히 상대방으로부터 뜻밖의 모욕이나 무시를 당했을 때 제대로 반격하지 못한 자신 때문에 화가 난다는 사람들이 많다. 그러고는 꼭 집에 가서 잠자리에 누웠을 때에야 적절한 응수가 떠올라 속이 상한다는 것이다. 그런데 흥미롭게도 그런 현상 역시 인간의 생존 기술이라고 주장하는 학자들이 있다. 모욕을 당했을 때 곧바로 반격하면 자칫 싸움이 커질 수 있고, 싸움이 커져 죽기 살기로 덤비다 보면 생존 게임으로 치달을 수 있다는 것이다. 이는 실제로 우리 주변에서 왕왕 일어나는 일이기도 하다.

적절한 응수가 때마침 떠오르지 않는 것은 억울한 일인게 분명하다. 하지만 그렇게 함으로써 시간적 거리를 두고 더 나쁜 결과를 초래하지 않을 수 있다면, 그 편이 훨씬 더

다행인 일인 것 역시 틀림없다. 그런 의미에서 '시간이 약'
이라는 말은 정말 맞는 말이다. 그리고 이건 담백한 삶을
위한 또 다른 처방전이기도 하다.

일단 멈추고, 둘러보고,
다시 시작하기

상담을 하다 보면 '자기 스스로에게 부과하는 짐만 없으면 우리 삶은 얼마나 편해질까' 싶을 때가 참 많다. 그렇다. 우리는 누구나 담담하고 담백하게 살고 싶어 한다. 하지만 그러기에는 마음속 소용돌이와 감정의 흔들림이 너무 크다. 그중에는 상대가 날 무시하는 게 아닐까 혹은 나만 손해 보는 거 아닐까 하는 생각도 포함된다.

직장 생활이 힘들다는 이유로 나를 찾아온 남성이 있었다. 그가 그런 생각을 하게 된 계기는 아주 사소한 일 때문이었다. 사무실에 새 직원이 들어왔는데 마침 책상이 모자랐다. 그러자 새 직원이 그에게 옆에 있는 보조 책상을 가져가도 되겠느냐고 물었다. 평소 그 책상이 있으면 좋고 없어도 딱히 불편하지 않았던 터라 선뜻 주고 말았다. 그런데 그다음에 보니 그를 제외한 누구도 자기 옆에 남는 책상을 양보해준 사람이 없더라는 것이었다.

그는 계속해서 "나는 직장에서 양보만 하는 사람으로 찍힌 것 같다" "억울하다, 이렇게 비굴하게 회사를 다녀야 하는 걸까" "잘릴까 봐 전전긍긍하는 게 싫다"라는 식의 이야기를 이어갔다. 더욱이 최근 회사에서는 업계의 스타 플레이어를 스카우트했는데, 그 친구는 당당하게 원하는 것을 요구하는 반면, 자기는 그렇게 하지 못하는 것 같아 스스로 원망스럽다고 말했다.

나는 왜 그 사람이 스타플레이어로 불리는지 물어보았다. 일단 일을 맡기면 잘하고, 겸손하고 차분해서 그렇다는 대답이 돌아왔다. 그럼 그것을 자신에게도 적용해보면 어떻겠느냐고 했더니, 딱 잘라 그럴 수 없다고 했다. 민감한 성격을 타고나서 매사에 예민하게 반응하는 것이 꼭 자신의 잘못만은 아니지 않느냐는 항변도 이어졌다.

우리는 몸이 약해지면 기운을 보충하기 위해 운동도 하고 영양가 있는 음식도 먹고 적절하게 휴식도 취한다. 그런데 마음에 대해서는 태어난 기질 그대로 살아가는 것을 당연하게 여긴다. 나는 그대로이면서 남들이 나에게 맞춰주기만을 기대하는 것이다. 하지만 그런 일은 결단코 일어나지 않는다. "그 정도는 머리로 안다. 하지만 마음이 내 뜻대로 안 되는 걸 어쩌겠느냐"라고 말하는 사람들도 있다. 이런 사람들을 보며 결국 우리의 삶은 머리로 아는 것을 마음으로, 실천으로 옮기는 노력을 하느냐 마느냐로 갈린다고 해도 과언이 아님을 깨닫는다.

따라서 스트레스가 가득하고 화나고 억울하고 원망스러운 기분이 들 때 자신의 마음을 효과적으로 다스릴 수 있는 방법 한 가지쯤은 지니고 있을 필요가 있다. 가능한 한 일종의 매뉴얼처럼 만들어 적어놓고 연습하는 자세도 필요하다.

우리는 '마음'이라고 하면 일단 겁부터 먹고 본다. 아마도 마음이 어떻게 생겼는지 도무지 알 길이 없기 때문이리

라. 그래서 나는 마음을 '뇌'로 바꾸어 생각하길 권한다. 그러면 구체적인 이미지가 떠오르면서 무엇을 어떻게 해야 할지 감이 좀 잡힌다.

뇌를 평안하게 하려면 과부하를 막아야 한다. 뇌에 불필요한 일들을 덜 시켜야 한다는 뜻이다. 그러려면 매사에 덜 신경 쓰고, 덜 불안해하고, 덜 분노하고, 덜 긴장할 필요가 있다. 다른 말로 하면 마음에 여유를 갖고 담백함을 실천해야 하는 것이다.

양념이 과한 음식은 먹을 때는 좋지만 그 이후가 불편하다. 우리 몸이 과한 음식을 대사시키려고 많은 일을 하기 때문이다. 마음도 마찬가지다. 그리고 살아보니 정말로 죽고 사는 일이 아닌 다음에야 그렇게 불안해할 일도, 분노할 일도, 긴장할 일도 없다는 걸 새삼 느낀다. 그러니 약간의 무시를 당했다고 해서, 때로는 조금 손해를 본 것 같다고 해서 너무 마음 쓸 필요가 없는 것이다.

오히려 이런 과정을 통해 내 마음이 더 단단해지고 인간에 대해서도 깊게 이해하게 되었다고 생각하는 편이 정신 건강에 훨씬 더 도움이 된다. 그런 과정이 없으면 인간에 대해 너무 순진한 시각을 갖게 될 수도 있다. 지나치게 피해 의식을 갖고 매사를 바라볼 필요도 없지만, 또 너무 지나치게 순진하게 매사를 바라보는 것도 위험하다. 그 대신 사람들은 적절하게 착하고, 적절하게 자기중심적이라고 생각하면 마음이 편하다. 더욱이 그런 사실은 사람으로 인한 경험으로만 체득할 수 있다. 그런 경험의 순간이 모여 내 인생이 되는 것이다. 점이 모여서 선이 되듯이. 그러므로 불필요한 생각과 감정으로 내 시야를 가릴 필요가 없다. 어려울 때 기본으로 돌아가란 말이 있듯이, 단순하게 생각하고 그것을 실천할 수 있으면 된다.

그런 의미에서 내가 생각하는 마음 다스리기 매뉴얼의 단계는 아주 간단하다. 일단 멈추고, 둘러보고, 다시 시작하는 것이다.

일단 멈추기　　마음이 혼란스러울 때 뭔가를 더 하려고 하면 더 큰 문제가 생긴다. 그러니 일단 휴지기를 갖는다고 생각하고 멈추는 것이 필요하다. 갑작스러운 멈춤이 아니라, 조금 여유를 갖고 한 걸음 물러서는 자세를 말한다.

둘 러 보 기　　　휴지기를 갖고 나면 이번에는 지금의 내
가 서 있는 곳을 둘러봐야 한다. 우린 여행을 가서 길을 잃
으면 일단 멈춰 서서 지도를 펼쳐 보고 자기가 현재 어디
쯤 있는지를 둘러본다. 이처럼 마음이 혼란스러울 때에도
지금 이 자리에 멈춰 서서 자신의 내면을 살펴보는 과정이
필요하다.

다 시 　시 작 하 기　　　다시 시작한다는 것은 목표를 재설
정한다는 것을 의미한다. 목표가 불분명하면 아무리 굳건
한 의지도 소용이 없다. 그리고 사람은 뭐가 됐든 한번 정
해진 것을 쉽게 바꾸지 못하는 존재다. 잘못된 길로 가고
있다는 걸 알면서도 계속해서 그 길을 가는 어리석음은 멜
로드라마의 단골 소재이기도 하다. 그러므로 목표를 재설
정하고 다시 시작한다는 것은 인생에서 아주 중요한 문제
라고 할 수 있다.

감정은 잘게 나누고,
무엇에 민감한지 체크하기

인간은 생물체다. 생물체는 외부 환경에 반응한다. 그러므로 힘든 일이 있으면 고통스럽고, 기쁜 일이 있으면 기쁘고, 화나는 일이 있으면 화나고, 두려운 일이 있으면 두려운 것이 당연하다. 다만 거기에 더해 그런 감정을 증폭시키는 매개체가 있다. 바로 '나 자신'이다.

예를 들어 새로운 사람을 만나러 간다고 가정해보자. 새로운 존재는 어느 쪽으로든 우리를 자극하기 마련이다. 그 새로움에 희열을 느끼는 사람이 있는가 하면, 두려움을 느끼는 사람도 있을 것이다. 그런데 이때 두려움을 더 크게 느끼는 사람들은 새로운 대상이 자기를 어떻게 평가할지에 지나치게 초점을 맞춘다. 그는 불안감에 사로잡혀 상대의 말 한마디, 행동 하나에도 민감하게 안테나를 세운다. 그리고 조금이라도 자기가 원하는 반응이 오지 않으면 '아, 역시 난 안 돼. 사람들에게 인기가 없는 게 당연해'라고 생각하며 자책한다.

반대로 새로운 자극에 희열을 느끼는 사람들 역시 마음속 안테나를 세우고 있기는 마찬가지다. 과연 내가 상대에게 원하는 대로 강한 인상을 주었을까 하고 고민하는 것이다. 만약 반응이 시원치 않으면 다음에는 더 크게 액션을 취해야겠다고 스스로에게 스트레스를 준다. 여기에 조급함에 휘둘리는 경향까지 더해지면 더욱 즉각적인 반응이 뒤따르곤 한다.

매사에 차분하기보다는 감정적으로 반응하는 경우, 그 결과가 좋지 않을 가능성이 더 높다. 그러므로 감정이 복잡할 때는 억지로 그것을 해결하려 하지 않는 자세가 필요하다. 해열제를 쓴다고 곧장 열이 떨어지는 게 아닌 것처

186

럼, 감정을 다스리기 위해서는 일정한 시간이 필요하다. 그리고 그것보다 더 중요한 것은 자신이 느낀 감정을 잘게 나누고, 해결 방법도 세세하게 나눠보는 것이다.

감정, 그중에서도 분노 때문에 상담을 받던 여성이 있었다. 몇 번의 상담을 거쳐 어느덧 치유 단계에 접어든 그녀가 어느 날 갑자기 "어떤 경우에서든 감정을 드러낼 필요는 없는 것 같아요"라는 말을 했다. 그러면서 "감정적일 때는 서로 분리되어 혼자 시간을 보내는 편이 낫지, 감정을 있는 그대로 보여주면 상대는 언제나 그 감정으로만 나를 기억하는 것 같아요"라고 덧붙였다. 그런 통찰에 이른 그녀를 크게 칭찬해주지 않을 수 없었다.

그녀의 말처럼 누군가와 문제가 생기면 감정을 다스린 후 좀 더 담백한 상태에서 만나 이야기를 나누는 편이 백 번 낫다. 실제로 우리는 어설프게 감정을 해결하겠다고 나섰다가 마치 불에 기름을 끼얹듯이 감정이 더 격양되고 마는 경우를 자주 겪지 않았던가.

언젠가는 좋지 않게 헤어진 연인을 다시 만나 자기 마음의 진실을 해명하고 싶다는 사람이 찾아왔다. 나는 그에게 상대가 아직 감정적으로 해결되지 않았다면 이쪽은 진실이라고 말하는 것조차 받아들이지 못할 테니, 흘러간 일은 흘러간 대로 두자고 조언했다.

인간의 감정은 정말 오묘해서, 내가 느끼는 감정을 있는 그대로 상대가 받아들일 확률은 거의 없다. 빛이 직진하는 것보다 굴절되는 경우가 더 많은 것처럼, 인간관계에서도 내 감정이 그대로 전달되기보다는 상대방의 상태에 따라 왜곡되는 경우가 많은 것이다. 이런 사실을 감안해보면, 힘든 감정일수록 시간을 두는 편이 좋다.

아무리 과학 기술이 발달해도 인공지능에 감정을 넣을 수 없는 이유는 감정 자체가 너무 복잡하기 때문이다. 우리는 흔히 감정을 '희로애락'이라고 표현하지만, 그렇게 딱 부러지게 설명이 가능한 감정은 없다. 대부분은 여러 감정이 혼재되어서 매우 복잡하게 나타나기 마련이다. 가장 대표적인 것이 사랑과 미움, 불안과 분노다. 불안이란 한마디로 말하면 '미래에 대한 걱정'이다. 어느 학자는 "불안이란 현재의 안정감을 훔쳐가는 도둑과 같다"라고까지 표현했다. 불안의 다른 형태인 공황 장애, 공포증 역시 다 마찬가지다. 불안의 영어 표현인 'Anxiety'는 '목을 조르다' '질식하다'는 의미의 라틴어 'Angere'에서 파생되었다고 한다. 그리고 그 구조가 '분노'를 뜻하는 'Anger'와 같다. 사실 정신 의학에서 불안과 분노, 우울은 나란히 함께 가는 감정으로 여겨진다.

이처럼 마구 혼재되어 있고 복잡한 감정을 단칼에 해결할 수는 없는 노릇이다. 그러므로 감정적인 문제를 해결하고 싶다면, 감정을 세분화하는 작업이 필요하다. 예를 들어 화가 치밀 때 '짜증난다' '불편하다' '못마땅하다'는 식으로 감정을 나눠보는 것이다. 그러면 이내 분노의 크기가 줄어들면서, 크게 화낼 일이 아니었다는 쪽으로 가닥이 잡혀갈 가능성이 높다. 불안의 감정 역시 마찬가지다. '긴장된다' '편치 않다' '걱정된다' 등으로 잘게 나누다 보면 감정의 크기 또한 작아질 여지가 많다. 그리고 스스로 자신이 어떤 감정에 더 예민하게 반응하는지 체크해보는 것도 도움이 된다.

그리고 또 하나, 우리가 힘들어하는 감정 중에는 '거절'과 관련된 것이 많다. 거절하지 못해서 혹은 거절하고 나서 마음이 편치 못했던 경험은 누구에게나 있을 것이다. 그런 문제로 상담을 원하는 사람도 참 많다. 그때마다 나는 "거절은 100퍼센트 나를 위해서 해야 한다. 상대방의 기분보다는 내 기분이 더 중요하기 때문이다"라고 조언해 준다.

우리가 선뜻 거절을 못하는 심리는 순간적으로 자신을 무력한 아이로 보는 마음과 관련이 깊다. 상대를 나보다 어른으로 여겨 거절했다가 상대의 심리를 거스르고 싶지 않다는 마음이 작용하는 것이다. 행여 안 좋은 일이 생기거나 야단맞을 것 같은 두려움의 표현인 셈이기도 하다. 또 상대방에게 좋은 사람이라는 인상을 주고 싶은 심리, 즉 인정의 욕구도 그 원인 중 하나다.

하지만 그래봤자 얼마 안 가 '내가 왜 그랬을까' 싶어 후회할 확률이 훨씬 더 높다. 그러면서 내심 상대를 원망하고 미워하는 마음까지 생기기도 한다. 더 나아가 그런 감정을 느끼는 나 자신에 대한 죄책감까지 더해져 상태는 점점 나빠지기만 할 것이다.

더욱이 거절하지 못해서 생긴 책임은 오로지 내가 안고 가야 한다. 거절할 때의 두려움은 짧지만, 거절하지 못해서 느끼는 자신에 대한 초라한 기분은 꽤 오래간다. 거절하지 못해서 내가 떠안아 해결해야 할 일이 막중할 때는 어떻게 할 것인가. 그러므로 거절해서 내 곁을 떠나갈 사람이라면 그러지 않아도 떠나가게 되어 있다는 생각으로 단호해질 필요가 있다.

인간관계에서 자신을 괴롭히는 다양한 감정들에 대해서도 마찬가지다. 내게 불필요한 압력을 행사하는 감정들에 대해서는 단호히 대응하는 자세가 필요하다. 그 방법 중 하나가 '감정 잘게 나누기'이다. 내가 마주하는 대상의 크기가 작을수록 우린 더 단호해질 용기를 낼 수 있으므로. 그것만으로도 감정적인 문제는 반으로 줄어들 수 있다.

소소한 것에 감사하는 마음,
담백하고 긍정적인 삶의 자세는
그 어떤 야망이나 부유함보다 더 중요하다.
하루하루 감사하는 마음만으로도
더 건강하게 더 즐겁게 삶을 누릴 수 있으니
이보다 더 좋은 일이 어디 있을까.

담백하게, 지금 이 순간을 살아가는 법

5장

마음 에너지에도
저축이 필요하다

직업 특성상 나는 대기업의 고위 임원진들을 만나 그들의 고충을 듣는 일이 자주 있다. 그들이 심리적으로 가장 어려워하는 부분이 무엇일까? 바로 '완벽주의를 내려놓기가 쉽지 않다'는 것이다.

일차적으로 그들이 말하는 완벽주의란 자신이 맡은 일에 티끌만 한 실수도 허용해서는 안 된다는 마음을 뜻한다. 그런 실수 하나가 큰 파장을 초래하는 것이 기업 경영인데, 기업의 리더로서 그렇게 말처럼 쉽게 완벽주의를 포기할 수 없다는 것이다. 다음은 어느 CEO의 말이다.

"살다 보면 그래, 차라리 다 내려놓고 운명이 이끄는 대로 맡기고자 하는 마음이 들 때가 왜 없겠습니까. 마음을 비운다는 것도 그런 것 아닌가요? 그럴 때 내 완벽주의가 무슨 소용이겠습니까? 하지만 기업에서 리더의 역할은 때때로 자신이 통제할 수 없는 것조차도 통제하기 위해 분투해야 하는 것인데, 그런 상황에서 완벽주의를 고집하지 않기란 정말 너무 어렵습니다. 책임감이 그렇게 놔두지도 않고요."

나는 그에게 완벽주의를 내려놓는다는 것은 '최선을 다하되 그 결과를 겸허히 받아들이는 것 아니겠는가' 하는 요지의 이야기를 들려주었다. 그런 마음 없이 계속해서 스스로나 주위 사람들을 몰아붙이다 보면, 그 스트레스를 감당하기가 점점 더 어려워지기 때문이다.

기본적으로 스트레스가 극심하면 어떤 일을 시작하기도 전에 성공에 대한 걱정, 근심, 초조함, 함께 일하는 사람들에 대한 분노, 피해 의식, 압박감 등으로 괴로움에 휩싸일 것이 당연하다.

나는 그와 함께, 완벽주의를 비롯해 우리를 힘들게 하는 내면의 부정적 요소들이 얼마나 우리의 마음 에너지를 낭비하게 만드는지 이야기를 나누었다. 그런 의미에서 마음도 '하루 세끼를 먹어야 한다'고 말해주었다. 우리가 음식을 통해 몸의 에너지를 보충해주는 것처럼 마음 에너지도 바닥을 드러내기 전에 보충해주어야 한다고 말이다.

병이라는 것은 결국 에너지가 저하된 상태를 뜻한다. 신체적 질환을 앓으면 몸의 에너지가 저하되어 걷고, 서고, 말하는 것조차 힘들어진다. 마음도 마찬가지다. 우울하거나 불안하면 아무것도 할 수 없다. 일이 손에 잡히질 않는다. 그러니 건강하다는 것은 활력이 넘치는 상태 아니겠는가. 따라서 건강하기 위해선 몸뿐만 아니라 마음도 먹어야 한다. 병을 앓고 있는 사람에게 빨리 회복하려면 잘 먹어야 한다고 말해주는 것처럼 말이다.

그렇다면 왜 마음도 하루 세끼일까? 우리는 아침밥을 먹으면서 이 아침밥이 오늘 하루 종일 나를 배부르게 할 거라고 생각하지 않는다. 그런 것처럼 내가 한번 잘해보겠다고 결심했다고 해서 그것이 변화의 상태를 하루 종일 지속시켜주진 않는다. 그러므로 우리가 신체적 에너지를 보충하기 위해 하루 세끼를 먹듯 내 마음에도 수시로 에너지를 채워줘야 한다. 한번 깨달음을 얻었다고 해서 그 깨달음이 지속되는 것은 아니므로 시시때때로 마음을 돌아봐야 한다는 어느 종교인의 말과도 일맥상통한다.

특히 걱정과 근심, 불안과 분노 등의 부정적 정서가 마음을 힘들게 할수록 우리의 마음 에너지는 더 빠른 속도로 고갈된다. 물론 살아가면서 그런 부정적 정서를 완전히 피할 수만은 없다. 어느 정도는 감당해야 한다는 뜻이다. 그러나 설탕이나 소금과 같은 양념이 맛을 돋우긴 하지만 조금 더 넣으면 너무 달고 짜 먹을 수 없게 되어버리는 것처럼, 마음의 부정적 정서도 너무 지나치게 되면 우리의 삶을 크게 망가뜨릴 수 있다. 그런 정서가 한번 마음 한구석에 자리 잡으면 마치 곰팡이처럼 내 삶 전체로 퍼져나갈 수 있다.

마음 에너지를 보충한다고 해서 거창한 방법이 필요한 것은 아니다. 단지 약간의 여유를 갖고 세상을 바라보는 것, 당위성의 횡포에서 벗어나 조금은 자유로워지는 것, 나에게는 어떤 스트레스도 없어야 한다는 생각에서 벗어나는 것 등이 마음 에너지를 보충하는 방법이다. 여기에 더해 가능한 한 하루 5분이나 10분이라도 시간을 내어 자신의 내면과 솔직하게 직접 마주할 수 있다면 더더욱 좋다.

너무 바쁜 스케줄 탓에 도저히 아내와 함께할 시간이 나지 않아 결혼 생활이 삐걱거린다는 기업의 CEO도 있었다. 나는 그에게 하루 중 딱 10분만 아내에게 투자해서 눈을 맞추고 고민을 들어주라고 주문했다. 물론 처음엔 아내의 반응이 시큰둥했다. 그럼에도 그는 포기하지 않고 자신의 진심을 알리면서, 매일 10분씩 아내와 대화하려고 노력했다. 그러자 다행히 아내가 그의 마음을 받아주기 시작했다. 그는 아내가 편안해지니 남편인 자기는 말할 것도 없고, 집 안 전체에 활기가 생겼다며 무척 기뻐했다.

나는 그 여세를 몰아 그에게 스스로에게도 하루 5분씩만 투자해 자신의 마음을 돌본다면 같은 효과를 얻을 수 있을 것이라고 말해주었다. 자신의 내면을 솔직하게 들여다보면서 불필요하고 부정적인 정서를 없애기 위해 노력하는 것, 단 5분이라도 정말 깊은 내면의 소리를 들어보는 것이야말로 마음 에너지를 보충하는 데 가장 좋은 특효약이라는 이야기도 덧붙였다.

간혹 상담을 하면서 느끼는 것은 의외로 사람들이 자신의 마음에 투자하는 시간을 정말 아깝게 생각한다는 점이다. 예를 들어 리더십 평가에서 설문지 작성에 들어가는 시간은 길어봤자 두 시간 반이다. 그런데 그 시간조차 아깝다며 설문 문항을 줄여달라는 사람들이 많다. 나는 그들에게 "영화 한 편 볼 시간만 내면 자신을 알게 되는데, 그 시간을 아까워하면 어떡하느냐"라고 말하면서 그 부탁을 정중히 거절한다. 결국 나중에는 모두들 설문지 문항을 체크하는 일이 자신에 대해 생각하게 되는 귀중한 시간이었다며 말하곤 한다. 그 무엇보다도 우리가 중요하게 생각해야 할 시간은 '자신이 누구인지' '지금 어디 서 있는지'를 생각하는 시간이어야 한다. 길지도 않다. 하루에 딱 5분, 10분이면 충분하다.

신체적 활동이 많을수록 우리의 몸은 더 많은 에너지를 필요로 한다. 그래서 하루 세 끼 외에도 건강보조식품이나 비타민 등을 챙겨먹는다. 몸처럼 마음 역시 스트레스가 많다면 비타민을 챙겨줘야 한다. 그 비타민의 이름은 '희망'과 '의미'다. 자기 삶에 희망을 갖고 자신의 존재 의미를 찾는 것. 인생에서 궁극적으로 그보다 더 멋진 목표는 없을 것이다.

그러나 그 전에 먼저 마음 에너지를 낭비하지 않도록 노력하는 일이 필요하다. 우리는 돈과 시간을 낭비하는 것에 대해서는 문제라고 생각하는 반면, 마음 에너지는 그렇게 생각하지 못한다. 마음 에너지도 돈처럼 언젠가는 고갈될 날이 온다. 그런 의미에서 욱하는 성격이나 분노 조절 장애 모두 지폐를 허공에 날리는 것이나 다름없다는 게 내 생각이다. 그렇게 의미 없이 낭비하느니, 미래를 위해 마음 에너지를 저축해두면 어떨까 한다.

그렇다. 마음 에너지도 저축이 필요하다. 그래야 필요할 때 조금씩 꺼내 쓸 수 있는 것이다. 저축한 돈이 많으면 마음이 든든한 것처럼, 저축해놓은 마음 에너지가 많으면 많을수록 우리는 편안하고 가벼운 마음으로 하루하루를 맞이할 수 있다.

어릴 적 보았던 동화 중 '황금 뇌를 가진 사나이'라는 이야기가 있다. 뇌에 황금이 가득한 그는 평생 돈 걱정을 하지 않을 거란 생각에 아끼지 않고 마구 써댔다. 그러나 인생에 영원한 것은 없는 법. 그 역시 마지막 황금을 다 쓴 다음에야 그것이 자기 생명과 맞바꾼 일이었음을 알고 후회한다는 내용이다. 이처럼 자신의 감정을 낭비할수록 생명도 낭비된다고 생각하면, 불필요한 일에 불필요하게 마음 에너지를 쓰는 일이 줄어들지 않을까.

감사하는 마음은
뇌세포도 건강하게 만든다

한동안 의학 드라마 「하얀거탑」이 인기를 끌었다. 이 드라마는 야심을 위해 목숨 거는 의사와, 환자의 생명을 돌보는 일에 가치를 두는 의사 사이에서 벌어지는 갈등과 좌절을 주제로 한다. 야망이 삶의 목표인 의사는 외과 과장 자리를 두고 경쟁자에게 물러나라며 애원하고 무릎을 꿇는가 하면, 뒤로는 온갖 수단과 방법을 가리지 않는 이중적이고 비열한 모습을 보인다. 그에게는 환자도 한 사람의 생명이 아닌, 단지 자신의 야망을 이루기 위한 수단에 지나지 않는다.

그의 정체성은 성공과 야망, 천재 의사에 국한된다. 가족이나 자기 자신에 대한 부분은 없다. 반면, 환자의 생명을 최우선으로 하는 의사의 정체성은 그 자신과 가족, 그리고 환자다. 삶의 방향이 이처럼 확연히 다른 두 사람은 당연히 서로 정반대의 길을 걸어간다. '인간은 계획하지만 실행은 신에게 달려 있다'는 말이 괜히 있는 게 아닌 것처럼, 야망을 향한 의사의 처절한 싸움은 뜻밖의 결말을 맞는다. 원하는 목표를 손에 넣지만 그는 곧 암으로 세상을 떠날 수밖에 없는 처지가 되고 만다.

그 드라마를 보면서 『군주론』을 쓸 때 마키아벨리에게 영감을 준 교황의 아들 체사레 보르자가 떠올랐다. 그 또한 교황인 아버지와 힘을 합쳐 온갖 수단과 방법을 가리지 않고 왕이 되고자 한다(그 이야기만으로도 책 몇 권의 분량이 차고 넘친다). 그러나 신의 뜻은 역시 달랐던 게 분명하다. 원하던 것을 모두 이루게 된 바로 그 시점에 체사레 보르자 역시 덜컥 몹쓸 병에 걸려 죽고 말았다. 그것도 30대 중반의 젊은 나이에. 이 때문에 그의 이야기는 지금까지도 '운명의 가혹함이 인간사에 초래하는 모든 헛됨'을 비유하는 데 자주 회자되고 있다.

아무튼 「하얀거탑」이라는 드라마는 나로 하여금 새삼 인간이 갖는 행복의 조건에 대해 여러 가지 생각을 하게 만들었다. 그러면서 문득 '가끔씩이라도 내 주변 모든 것에 감사하는 마음을 가질 수 있다면 그것만으로도 족하지 않을까' 하는 생각이 떠올랐다. 물론 우리가 그런 마음을 갖지 못하도록 방해하는 요소는 참 많다. 특히 앞선 드라마의 주인공처럼 사회적 성취와 야망이 우선이라면 더더욱 어렵다. 이는 곧 급행열차에 올라타 있는 것과 같다. 내리고 싶어도 결코 내릴 수 없는.

돈도 마찬가지다. 모임에서 사람들을 만나면, 어느 때는 내내 돈 이야기만 하다가 끝난다. 대부분 사회적 위치에 어울리는 부를 갖고 있는데도, 은퇴 후 일정한 수입이 없을 테니 불안하다는 말을 한다. 현역에서 물러난 한 지인은 전속 회계사에게 자기 재산이 줄어드는 것에 관해 아예 말도 꺼내지 말아달라고 당부했다 하여 웃은 적도 있다. 큰 기업의 CEO를 지낸 누군가는 아들이 고기를 사달라는 문제로 크게 싸웠다고 했다. 대체 왜 그랬느냐 물으니 "난 그 나이에 먹어보지도 못한 고기를 맨날 먹으면서도 또 고기 타령을 하길래 순간 너무 화가 치밀더라"라는 대답이 돌아왔다. 그래서 나도 한마디 보태지 않을 수 없었다.

"그거 일종의 가난 망상이에요. 아무도 이해하지 못할 테니 앞으로는 그러지 마세요."

언젠가 우리나라에서 부동산 재벌로 손꼽히는 사람이 우울하다며 나를 찾아왔다. 그에게 하루 동안 시간을 어떻게 보내느냐고 물으니 부동산을 보러 다니는 시간, 그리고 집에 와서 자기 방에 걸린 우리나라 지도를 보며 내 땅이 얼마만큼 있는지 살펴보는 시간이 전부라고 했다. 그가 불행한 진짜 이유는 거기 있었다. 아무리 땅을 많이 사도 우리나라 지도상에는 점밖에 안 된다는 사실이 그를 불행하게 만들었던 것이다.

결국 내가 아무리 많은 것을 소유하고 있더라도, 그것이 야망의 성취든, 돈이든, 인간관계든 간에 스스로 충분하다고 생각하지 않으면 갈증은 계속될 수밖에 없다. 그러니 행복해지기 위한 방법 중 하나는 내가 가진 것을 객관적으로 평가해보면서 감사하는 마음을 갖는 게 아닐까 싶다.

실제로 요즘 뇌 과학 분야의 연구 결과에 따르면, 감사하는 마음을 가질수록 우리의 뇌세포가 더 건강해진다고 한다. 우리 뇌의 여러 부위에 걸쳐 있는 '보상회로'가 즐거움을 관장하는데, 감사하는 마음을 가지면 그 회로가 더욱 많은 부위에 연결되면서 뇌가 건강하게 변하고, 삶도 달라진다는 것이다. 그것을 국내의 한 연구진이 MRI 영상으로 확인하기도 했다.

그런가 하면 미국 켄터키 대학 병원의 데이비드 스노던 박사의 연구 사례도 매우 흥미롭다. '감사와 건강의 상관관계'를 오랫동안 연구해온 그는 미국 내 일곱 군데 수녀원에 있는 수녀들을 대상으로 수십 년 동안 생활 습관을 관찰해왔다. 감사하는 마음과 긍정적인 자세를 지닌 수녀들과 불평이 많고 부정적이었던 수녀들을 비교한 결과, 긍정적인 수녀들의 수명이 평균 7년 정도 더 길었을 뿐 아니라 뇌세포의 파괴 정도도 덜했다는 것이다.

이쯤 되면 소소한 것들에 감사하는 마음과 긍정적인 삶의 자세가 그 어떤 야망이나 부유함보다도 더 중요하다는 점을 인정하지 않을 수 없다. 하루하루 감사하는 마음만으로도 더 건강하게, 더 즐겁게 삶을 누릴 수 있으니 이보다 더 좋은 일이 어디 있을까. '만족滿足'이라는 한자어는 물이 발을 적신다는 뜻이다. 그런데 우리는 돈이든, 명예든 목까지 적셔주기를 바란다.

이런 사실을 설명하는 이야기는 또 있다. 어느 부유한 사업가가 해안가에서 낚시를 하고 있던 어부를 만났다. 이야기를 해나갈수록 사업가는 어부가 참 마음에 들었다. 그래서 가능하다면 당신과 함께 사업을 하고 싶다는 이야기를 꺼냈다. 이어서 두 사람 사이에는 이런 대화가 오갔다.

"왜 내가 당신과 사업을 해야 하나요?"

"당연히 돈을 벌기 위함이지요."

"돈을 벌어서 뭐하려고요?"

"아무것도 안 하고 놀고먹으며 바닷가에서 낚시나 하며 살면 좋지 않겠습니까?"

"내가 지금 딱 그렇게 살고 있습니다만."

우리에게 있는 건
'지금, 그리고 여기'뿐

'삶이 그대를 속일지라도 결코 노여워하거나 슬퍼하지 말라.'

어린 시절 미장원이나 사진관에 가면 이런 글귀가 적힌 액자가 참 많았다. 대개는 숲속 나무들을 그린 커다란 풍경화 한쪽에 적혀 있곤 했다. 자주 마주하다 보니 눈에 익긴 했지만, 어린아이가 그 심오한 뜻을 알 길은 없었다.

다만 나는 그 글을 보며 어딘가 막연하게 '어른들의 세계란 참으로 쓸쓸한 것이로군……'이라고 생각했던 것 같다. 그 문장을 읽을 때마다 이상하게 마음속에 아픔 비슷한 것이 느껴지곤 했다. 중학교에 다니면서 비로소 이 글을 쓴 알렉산드르 푸시킨에 대해 배웠다. 하지만 이미 사춘기에 접어든 소녀에게는 그런 시 자체가 유치하게 느껴질 뿐이었다.

그 후로 세상은 변했고 그런 풍경화들 역시 어디에서도 찾아볼 수 없게 되었다. 그리고 인생의 후반기에 접어든 지금, 비로소 나는 그 문장이 주는 울림에 깊이 공감을 느끼고 있다. 그 느낌이 얼마나 절실한지 스스로 당혹스러울 정도다. 결국 삶은 일정 부분 기만이며, 그것에 속는다는 것을 알면서도 어떻게든 살아내지 않으면 안 된다는 자각이 이제야 마음에 사무치는 나이가 된 것이다.

그리고 얼마 전 스웨덴의 소설가이자 연극 연출가인 헤닝 만켈의 자서전을 읽으며, 다시 한 번 푸시킨의 시구를 떠올렸다. 1948년 스웨덴의 스톡홀름에서 태어난 만켈은 한 살 때 어머니가 가족을 떠난 후, 판사인 아버지의 부임지를 따라 여러 곳에서 어린 시절을 보냈다. 16세에 학교를 자퇴한 그는 화물선에서 노무자로 일하거나, 파리로 가서 보헤미안처럼 살며 세상을 경험하기도 했다. 그 후 스톡홀름으로 돌아온 그는 극장의 무대 담당 스태프로 일하며 희곡을 쓰기 시작했다.

1973년 첫 소설을 출간한 무렵 그는 처음으로 아프리카를 여행했고, 작가로 성공한 후에는 1986년부터 모잠비크에 극단을 세워 30여 년간 운영을 계속했다. 스릴러 문학의 거장이라는 명성을 얻는 한편(그가 쓴 책은 전 세계 40여 개 언어로 번역되었고 3천만 부 이상 팔려나갔다), 연극 연출을 통해 아프리카의 현실과 고통을 세상에 알리는 일에 평생 몰두해왔다.

그는 또한 일생 동안 핵무기와 원자력 발전에 대한 반대 의견을 적극적으로 펼쳐온 것으로도 잘 알려져 있다. 하지만 안타깝게도 2014년 갑작스럽게 폐암 진단을 받고 만다. 그 후 2015년에 67세를 일기로 세상을 떠났다.

그는 처음 자신이 암에 걸렸다는 사실을 알았을 때, 어릴 적에 읽었던 '사람을 가차 없이 집어삼키는 모래 늪'에 관한 이야기와 그로 인해 느꼈던 공포를 다시금 떠올렸다.

"나는 그 모래 늪에 빨려 들어가지 않으려고 반항했다.

내 모든 저항력을 무너뜨리는 공포가 날 완전히 마비시키지 않도록 스스로를 다잡는 데 열흘이나 걸렸다. 그건 모래 늪에서 살아 나오고자 하는 무언의 투쟁이었다. 그리고 나는 빨려 들어가지 않았다. 결국 모래 늪에서 기어 나와 내게 다가온 도전을 받아들였다."

물론 그 후로도 힘든 시간들은 이어졌다. 고통스러운 순간이 찾아올 때마다 그는 책과 그림, 그리고 음악에서 위안을 얻었노라고 말했다. 그러면서도 한편으로는 "우리 존재는 근본적으로 하나의 비극이다. 우리는 평생 동안에 걸쳐 지식과 경험을 키우려고 노력하지만, 마지막에는 결국 모든 것이 무無가 되어버리고 만다"라고 털어놓았다.

인생의 굽이를 돌고 돌아 삶과 죽음에 대한 인식을 해본 사람이라면, 그의 말에 담긴 통렬함을 이해할 것이다. 내 경우, 만켈의 그 말은 '삶이 그대를 속일지라도 결코 노여워하거나 슬퍼하지 말라'는 푸시킨의 시구와 동의어처럼 느껴졌다. 그리고 비로소 그 모든 '무無와 기만'을 받아들일 수 있을 것 같은 마음이 되었다. 그러나 한편으로 우리는 앞서도 언급했듯이, 살아 있는 한 이 삶을 살아내지 않으면 안 된다. 만켈은 그 방법에 대해 '우리에게 있는 것은 지금, 그리고 여기뿐'이라고 말했다. '지금 그리고 여기'를 살아내는 것에 바로 '우리 삶의 유일무이함, 우리 삶의 경이로움이 있다'는 것이다.

나는 그의 이 말에도 깊이 동의한다. 결국 그 또한 최선을 다해 오늘을 살아내는 것만이 우리가 할 수 있는 유일한 일임을 상기시키고 있기 때문이다. 그런데도 우리는 너무 자주 과거에 발목을 잡히거나, 미래에 대한 불안에 흔들리면서 가장 중요한 현재를 낭비하곤 한다.

'무無'라는 한자에 대해 누군가 아주 현명한 분석을 내놓은 글을 본 적이 있다. 우리는 흔히 '없을 무'라고 해석하지만, 자신은 '보이지 않을 무'라고 해석한다는 것이다. '무無'라는 한자는 표의 문자답게 나무 묶음을 불로 태우는 모양이다. 나무가 불에 타면 연기로 화한다. 그러니 나무는 없어지고 그 연기는 하늘로 올라가는데, 단지 인간이 이를 보지 못할 뿐이라는 것이다.

우리가 현재 이 시점을 살지 못하고 늘 과거에, 미래에 마음을 빼앗기고 사는 것은 '무'라는 한자처럼 현재 이 시점에 내게 주어진 것을 못 보고 살기 때문이다. 그러므로 담백함은 또 다른 의미에서 '보이지 않는 현재 이 시점에 내가 갖고 있는 것을 보는 능력'이라고 말하고 싶다.

나는 현재에 집중하는 것을 '아이스크림 먹기'에 비유하곤 한다. 아이스크림을 먹을 때에는 그것에만 집중해야 한다. 어떻게 먹을까 망설이거나, 다른 사람의 것과 비교하거나, 지난번에 먹은 게 더 맛있었는데 하며 후회하는 동안 아이스크림은 녹아내리기 때문이다.

물론 아이스크림 녹는 것쯤이야 큰일이라고 할 순 없다. 하지만 그렇게 녹아 없어지는 것이 나의 소중한 잠재력과 에너지라면, 그보다 더 큰 인생의 손실도 없을 것이다. 결국 그런 손실을 막으려면 '우리에게 있는 것은 지금 그리고 여기뿐'이라는 자각으로, 현재에 집중하지 않으면 안 된다. 그렇게 할 때 비로소 우리는 삶에서 의미를 찾을 수 있다. 그러면 보이지 않는 무無에서 존재하는 '유有'를 만들어낼 수 있지 않을까 싶다.

'그럼에도 불구하고'
서로 사랑하는 마음 간직하기

얼마 전 일이다. 지인들과 이야기를 나누다가 강아지 키우기로 화제가 옮겨갔다. 그러던 중 한 사람이 "요즘 누가 강아지 키우고 싶어 하는지 아는 사람?"이라고 퀴즈 비슷한 것을 내놓았다. 다들 "그야 아이들이지"라고 대답했다. 거기 모인 사람들 대부분이 애초에 아이들이 어릴 때 하도 졸라대는 바람에 강아지를 키우게 된 사람들이었기 때문이다. 그러나 정답은 따로 있었다. 바로 '중년을 넘긴 가장들'이라는 것이었다. '일 끝나고 밤늦게 집에 가면 유일하게 반겨주는 대상이 강아지뿐이니까'가 이유였다.

그 말에 모두들 공감의 쓴웃음을 지을 수밖에 없었다. 가장 격하게 공감한 사람들은 역시나 남자들이었다. 그중에 한 사람은 "웃을 일이 아니다. 나도 그런 경험을 자주한다. 집에 가도 아이들은 얼굴 보기 힘들다. 아내도 늦게까지 남편 기다리는 게 안쓰러워 '늦으니 기다리지 말고 먼저 자'라고 딱 한마디 했더니 정말 그 뒤로는 맨날 먼저 잔다. 그러다 보니 내가 집에 가면 반갑게 맞아주는 건 강아지뿐이다. 게다가 이 녀석은 단 한 번의 예외도 없이 나를 지독하게 반가워한다. 나도 언제부턴가 이 녀석한테 집안 식구들보다 더 애정이 간다"라고 털어놓기도 했다.

그는 하루에 몇 번을 만나든, 자신이 어떤 모습을 하고 있든 아무런 상관없이 마치 처음 만난 것처럼 그렇게 자기를 반가워해주는 존재가 강아지 말고 더 있겠느냐는 말도 덧붙였다.

또 다른 사람의 말은 모두를 더 가슴 아프게 했다.

"요즘 '워라밸'이다 뭐다 해서 일찍 퇴근하는데, 취미 생활을 위해 투자하는 것도 젊은 사람들이나 즐길 수 있지

나처럼 아이들 학비에 뭐에 돈 들어갈 일 많은 사람은 그럴 수가 없어요. 그렇다고 집에 일찍 들어가면 아이들 공부에 방해된다고 텔레비전도 못 보고, 발소리도 조심스러우니 집에 가기보다는 그냥 밖을 헤매곤 합니다. 그렇게 외로운 시간을 보내고 집에 들어가서 나를 보고 달려오는 강아지를 보면 그렇게 행복할 수가 없어요."

나 역시 강아지들을 키우고 있기에 그 심정을 백번 공감했다. 집에 들어갈 때마다 녀석들이 뛰쳐나와 달려들면 신발을 벗기도 힘든 정도지만, 마음만은 정말 흐뭇하다. 하루의 피로가 말끔하게 사라지는 기분이다. 내가 어딜 가든 졸졸 따라다니고, 책상에 앉아 일을 하려고 하면 발밑에 와 앉고, 때로는 자기를 안아달라고 응석부리고 할 때마다 '아, 이 친구들이 정말로 나를 사랑하는구나' 하는 느낌을 받기 때문이다.

이처럼 누군가로부터 온전히 사랑받는 경험이 중요한 이유는, 그것이 우리를 살게 하는 '정신적 양식'이기 때문이다. 누구나 밥을 안 먹으면 배가 고프고, 물을 못 마시면

목이 마르고, 호흡을 못하면 숨이 막히는 것처럼, '아, 내가 소중한 존재구나! 내가 쓸모 있는 존재구나! 필요한 존재구나!' 하는 느낌을 받지 못하면 살아갈 힘을 얻지 못한다. 좀 더 거창하게 말하면 그러한 느낌은 인간에게 있어 일종의 '존재 증명'과도 같은 것이다.

> "옆에 아무도 없는 사람은 유령 같은 거라도 대충 만들어서 데리고 다니는 편이 좋아. 거기에 숨을 불어넣어 살려내서 사랑의 말로 다독이며 끌고 다니도록 해."

미국의 작가 코맥 매카시의 소설 『로드』에 나오는 구절이다. 소설의 배경은 지구가 멸망하고 얼마 안 되었을 때의 일이다. 어쩌다 마주치는 사람이라곤 좀비처럼 변해버린 미치광이들뿐이다. 주인공은 어린 아들을 데리고 그 황량한 세상을 떠돈다. 온통 검게 그을리고 잿빛으로 파괴된 세상에서 생존을 위한 그의 투쟁은 처절하다. 그러나 그를 가장 힘들게 만드는 것은 뼛속까지 사무치는 '고독'이다. 그래서 작가가 한 말이 바로 위에 나오는 구절이다.

매카시의 말은 인간이 관계 속에서 살아가는 것이 얼마나 중요한 일인지를 실감나게 전해준다. 그러나 여기에도 아이러니가 있다. 한편으로는 수많은 사람이 이 관계 때문에 힘들어서 못 살겠다고 하소연하기 때문이다. 그러면서 차라리 무인도에 가 혼자 사는 편이 낫겠다고 불평을 터뜨리기도 한다. 반면, 영화 「캐스트 어웨이」를 보면 정작 무인도에 표류한 사람은 너무도 절실하게 누군가와의 관계를 필요로 한다. 마침내 그는 배구공을 사람 얼굴처럼 꾸미고 대화를 나누고, 나중에는 사랑 비슷한 감정까지 느끼지 않던가.

이처럼 우리는 누구도 관계를 떠나서는 살 수 없다. 그러므로 무엇보다도 가까운 사람들과의 관계에서 의미를 찾는 일이 가장 중요하지 않을까 싶다. 물론 그런 일은 젊은 날에는 쉽지 않다. 사회적 성공을 위해 앞만 보며 달려가다 보면 자기도 모르게 가까운 사람들, 그중에서도 가족들에게 소홀해질 수밖에 없기 때문이다.

특히 남자들에게 있어 일에서의 성취는 곧 자아를 대변

하는 경우가 많다. 일 때문에 가정을 희생하는 건 어쩔 수 없다고 여기는 사람들도 적지 않다. 결혼 생활 30년 차인 어느 남편은 은퇴를 하고 나서야 비로소 아내의 얼굴을 자세히 들여다볼 수 있었다고 털어놓았다.

"생각해보세요. 매일 새벽에 나가서 밤늦게 들어오는데 언제 아내 얼굴 한번 똑바로 쳐다볼 시간이 있었겠습니까? 아이들은 말할 것도 없고요."

그들은 그 대신 사회적 성공과 경제적인 안락함을 가족들에게 제공하지 않았느냐며 항변한다. "내가 죽도록 일한 건 다 가족들을 위해서"라고 말하면서. 물론 틀린 말은 아니다. 그리고 가족들이 이를 인정해주고 존중해주는 경우, 그 말은 전적으로 설득력을 갖는다.

다만 안타깝게도 삶에 위기가 찾아오면 오히려 가까운 사람들과의 관계가 멀어지는 경우도 적지 않은 것이 우리의 현실이다. 그런 문제로 상담을 원하는 사람들도 많다. 나는 그들에게 끝까지 포기하지 말 것을 주문한다. 설령 그동안은 사이가 소원했더라도 이제부터는 관계 회복에 나서야 한다고 말한다. 처음에는 그것이 마음처럼 안 된다 할지라도 끝까지 노력하다 보면 좋은 결과를 얻을 수 있을 뿐 아니라, 그만큼 가치 있는 일도 달리 없기 때문이다.

이때 가장 중요한 것은 상대방을 내가 원하는 모습으로 고치려고 하지 않는 것이다. 그 대신 있는 그대로의 모습을 수용하고자 애써야 한다. 상대방이 내 마음에 들지 않는 어떤 면을 가졌든지 '그럼에도 불구하고' 사랑하고자 노력한다면, 또한 그 긴 세월 동안 서로가 멀리 있어 모르는 부분도 있으니 알아가기 위해 노력하자고 한다면, 어느 순간 상대와 가까워진 자신을 발견할 수 있을 것이다. 그리고 그러한 이해에서 비롯된 관계는 보다 더 담백해지지 않을까 싶다. 서로에 대해 바라는 욕망이나 집착, 욕구를 내려놓을 수 있으니 말이다.

누가 뭐래도
나는 내 편이어야 한다

⌣

"인생이란 계획을 세우느라 분주한 사이에 슬그머니
우리에게 일어난 일을 말한다."

세계적인 영국의 록 밴드 비틀스의 멤버 존 레넌의 말이
다. 아무리 생각해도 비틀스는 인생에 대해 뭔가를 좀 아
는 사람들이다.

이 세상에는 더 많은 돈, 더 많은 권력, 더 많은 인기를
얻기 위해 동분서주하는 사람들이 참 많다. 그들은 원하
는 바를 이루기 위해 빈틈없이 계획을 세운다. 간혹 그것

을 실천하는 과정에서 마주한 불의 앞에 한쪽 눈을 감기도 한다. 물론 더러는 성공을 이루기도 한다. 하지만 대부분은 원하는 바를 손에 다 넣지 못한다. 존 레넌의 말처럼 계획을 세우고 실천하느라 분주한 사이에, 정작 내게 소중한 가치들을 다 놓치고 말기 때문이다.

벨기에의 시인이자 극작가 모리스 마테를링크가 쓴 희곡 「파랑새」에는 진정한 행복을 위해 파랑새를 찾아 떠나는 두 남매가 나온다. 남매는 행복의 파랑새를 찾아 멀리 여행길을 떠나지만, 그 어디에서도 파랑새를 찾지 못한다. 그러다 결국 집에 돌아와서야 집 문에 매달린 새장 속에서 파랑새를 찾게 된다는 이야기이다. 「파랑새」의 내용처럼, 항상 진실도 우리 옆에 있고 좋은 사람도 내 옆에 있건만, 우리는 항상 화려한 삶을 갈망하느라 내 주위에 있는 소박하고도 진솔한 관계의 가치를 놓치고 산다. 그런 의미에서 보면 우리는 스스로의 편이 아닐 때가 더 많은 것 같다. 결국 역시나 '나의 가장 큰 적은 바로 나'인 셈이다.

하지만 진정으로 행복해지기 위해서는 그렇게 살아서

는 곤란하다. 우리는 어떻게 해서든 나를 내 편으로 만들어 함께 힘을 합쳐 살아가야 한다. 좀 더 거창하게 말하면, 어느 작가의 말처럼 '스스로를 가장 믿을 수 있는 보스'로 만들어야 하는 것이다. 그러기 위해 먼저 불필요한 생각과 감정들로부터 나를 지키는 기준을 만들어야 한다. 더불어 내게 그 불필요한 것들이 무엇인지도 구체적으로 알아야 한다.

우울증에 걸린 한 주부가 있었다. 나는 그녀에게 대체 무엇이 그렇게 고민이냐고 물었는데, 약간 의외의 답이 돌아왔다. 자기가 우울증에 걸려서 가족들 식사를 제대로 챙겨주지 못하는 것이 고민이라고 했기 때문이다. 물론 그녀가 심성이 착한 사람이고, 주부로서 가족을 챙기는 역할을 중요하게 생각하는 건 충분히 이해가 갔다. 하지만 우울증에 걸려 병원까지 찾아온 상황에서도 계속 그런 생각을 갖는 것은 문제가 있었다. 이는 자기가 가족을 위해 무언가를 해주지 않으면 가족이 자신을 인정해주지 않을 거라는, 마음속 깊은 열등감이 원인이었다.

이 주부의 사례는 아이들이 공부를 못하면 부모가 자신을 싫어할 거라 생각해 성적표를 받고 가출해버리는 심리와 비슷하다. 이런 경우, 주부나 학생이라는 역할은 내가 가진 것 중 일부분일 뿐이라고 생각하는 자세가 필요하다. 그것이 나의 전부라고 여기고 고민하는 것 또한 불필요한 생각이고, 불필요한 기준이라고밖에 할 수 없다.

그런가 하면 지나치게 세상으로부터 스스로를 격리시키고자 애쓰는 사람들도 있다. 물론 거기에는 태생적인 기질도 작용한다. 하지만 낮은 자존감이나 부족한 자기 확신으로 인해 세상을 멀리하고자 한다면, 그 또한 자신을 적으로 만드는 행동이 되고 말 것이다.

예를 들어 한 청년이 도무지 사람들과 편안한 인간관계를 해나가기가 어렵다는 문제로 나를 찾아왔다. 준수한 용모에 몸가짐도 반듯했고, 직장도 탄탄했다. 그 모습만 봐서는 주변 사람들 누구도 그가 관계에 어려움을 겪을 거라곤 상상하지 못할 거라는 생각이 들었다. 아니나 다를까, 그역시 이런 이야기부터 꺼내놓았다.

"사람들은 제가 인간관계로 고민한다고는 전혀 생각하지 못할 거예요. 제게 이런저런 이유로 부럽다고 말하는 사람이 더 많으니까요."

그러나 그에게는 스스로 생각하기에 치명적인 약점이 있었다. 주변에서 아무리 부럽다느니 뭐니 해도, 그는 스스로에게 확신을 갖기가 어려웠던 것이다. 사실 그는 어렸을 때부터 수줍음이 많았다. 특히 낯선 사람들 앞에서는 거의 한마디도 못할 만큼 뒤로 숨곤 했다. 학교에 다닐 때도 마찬가지였다. 가능하다면 최대한 누구의 눈에도 띄지 않고 중·고등학교를 마치는 것이 소원이자 목표였다고 말했다. 교복 차림에 꾸부정한 태도로 땅만 보고 다니고, 성적도 약간 뛰어난 정도로만 유지함으로써 그 목표를 이룰 수는 있었다. 그러나 대학에 진학하고 사회생활을 시작하면서 그런 태도는 아무래도 문제가 됐다. 이성과의 문제에서도 마찬가지였다.

그의 겉모습을 보고 매력을 느낀 여자들도 많았다. 물론 그중에는 그가 진심으로 좋아한 여자도 있었다. 문제는 그의 태도였다. 좋아하는 여자 앞에서 그녀를 좋아한다는 마음을 확실하게 어필하지 못하고, 오히려 그 반대로 행동하곤 했다. 마치 상대방이 자신을 좋아해주기를 바라기는커녕 그녀 자체가 흥미로운 존재도 못 된다는 듯한 태도를 보이곤 했다.

"물론 그러고 나면 다음에는 그러지 말아야지 하고 굳게 다짐합니다. 하지만 막상 그런 상황이 되면 또 똑같이 행동하고 있으니, 정말 어찌하면 좋을지 모르겠습니다."

그의 문제는 역시 태생적인 기질에도 원인이 있었다. 기질적으로 남 앞에 나서는 걸 극도로 싫어하는, 매우 내성적인 타입이었던 것이다. 더욱이 부모로부터 수시로 못난 아들이라는 취급을 받으면서 내성적인 증상은 더욱 굳어져갔다. 한마디로 스스로를 조금도 믿을 수 없는 사람으로 성장해왔던 것이다.

그에게는 수줍은 태도가 약점은 아니라는 것, 조금만 노력하면 눈부시게 빛을 발할 잠재력이 가득하다는 것을 일

깨워주는 일이 무엇보다도 필요했다. 어느 정도의 기간이 지난 후 나는 그에게, 살아보니 나까지 나를 스스로 낮출 필요가 없다는 것을 절실하게 깨달았다고 이야기해주었다. 그 역시 그 무렵에는 내 말에 충분히 공감할 수 있는 마음 상태에 이르러 있었다.

내가 나 자신을 '디스'하면서 상대가 나를 존중해주기를 바랄 수는 없는 법이다. "세상은 우리 스스로에 대한 판단을 그대로 받아들이는 경향이 있다"라는 말이 괜히 나온 게 아니다. 스스로를 힘없는 존재라고 생각하기 시작하면, 세상 사람들 모두 나를 그렇게 여기게 된다. 특히 요즘처럼 상대에 대한 평가가 각박한 세상에서는 더욱 그렇다. 그런 뜻에서 나는 "어느 누구도 다른 사람들보다 낫지 않다"라는 프랑스의 정신분석가 프랑수아즈 돌토의 말을 마음에 새기곤 한다. 과도하게 자만심을 가질 필요도 없지만 구태여 내 머리 위에 다른 사람을 둘 필요도, 내가 다른 사람의 머리 위에 있을 필요도 없다. 결국 내 인생의 리더는 바로 나 자신이고, '나'라는 회사를 경영해가는 CEO도 나 자신이라는 점을 알 필요가 있다.

나는 그런 리더의 자리를 '산봉우리'에 비유하는데, 공감하는 사람이 꽤 많다. 산봉우리가 어떤 자리인가? 비가 오면 가장 먼저 비를 맞고, 눈이 오면 가장 늦게까지 눈이 녹지 않는 자리다. 높이 솟아 있어서 많은 사람의 이야깃거리가 되는 자리이기도 하다. 하지만 높이 솟아 있으니 남이 보지 못하는 산 중턱이나 산 아래는 물론이고, 저 멀리 있는 것까지 다 내다볼 수 있는 그런 축복된 자리 아니겠는가.

나 자신에게 그런 자리를 허락해줄 필요가 있다. 그러기 위해서는 몸과 마음이 가벼워야 산에 오를 수 있는 것처럼, 내 마음을 담백함으로 채우고 불필요함을 벗어던져야 한다.

아등바등하던
날들이여,
이젠 안녕!

상담을 하면서 꿈이 무엇인가 물어보면 어김없이 나오는 단어가 있다. 바로 '행복'이다. 우리는 누구나 행복하게 살기를 소망한다. 무엇이 행복이라고 생각하느냐는 질문에, 또 어김없이 나오는 단어가 있다. '돈'이다. 다시 그럼 어느 정도의 돈이 있어야 행복하겠느냐고 물으면, 대개 최소한 50억 원은 있어야 한다거나 한 달에 1억 원 정도는 써야 한다는 등의 대답을 내놓는다(요즘은 바라는 돈의 단위가 너무 커졌다).

자본주의 사회를 살아가려면 돈은 꼭 필요하다. 돈이 있어야 자긍심도 지킬 수 있고 원하는 자유를 누릴 수도 있다. 내가 사고 싶은 것도 사고, 가고 싶은 곳도 가고, 도와주고 싶은 사람도 도와주면서 살고 싶은 마음이 누군들 없겠는가. 그런 의미에서 돈이 행복의 일부분인 것은 틀림이 없다.

그런데도 때때로 막대한 부를 가진 사람들이 나를 찾아와 마음이 우울하고 삶이 불행하다고 말한다. 왜 그럴까? 많은 사람이 돈을 인생에서 가장 우선적인 가치로 두지만, 우리의 진짜 마지막 가치가 돈에 있지는 않기 때문이다. 그리고 그 가치는 '인간관계'에 있다는 것이 내 생각이다.

우리는 왜 그렇게도 돈을 벌고 싶어 할까? 이 질문에는 사람에 따라 여러 가지 대답이 가능할 것이다. 그러나 최종적인 대답은 하나로 모아진다. 그 돈으로 사랑하는 사람들과 좋은 관계를 유지하면서 오래오래 행복하게 살아가고 싶은 마음이 아닐까.

물론 누구에게나 인간관계는 쉽지 않다. 상처도 많이 받는다. 하지만 그런 상처를 치유하는 길 역시 '인간관계' 속에 답이 있음을 우리는 경험으로 알고 있다. 스트레스를 이기는 가장 좋은 방법이 무엇인가? 사람들과의 관계 속에서 사랑받고 인정받고 존중받을 때, 그로 인해 기쁨과 희망을 느낄 때가 아니던가. 아마도 살면서 한 번도 그런 경험을 해보지 않은 사람은 없을 것이다. 좋은 인간관계를 누릴 때 뇌에서 스트레스 호르몬의 분비가 억제될뿐더러 마음의 평화에 관여하는 옥시토신이 분비된다는 건 학설로도 밝혀졌다.

문제는 원하는 만큼 돈을 벌기도 쉽지 않지만, 인간관계역시 내 마음대로 되지 않는다는 데 있다. 이번 책을 기획하면서 담당 편집자와 대화를 나누던 중 그가 다음과 같은 요지의 말을 했다.

"우리는 늘 어딘가에 얽매여서, 남들 따라 흔들리면서, 재고 따지면서, 잣대를 들이대면서, 남과 나를 비교하고 평가하면서, 걱정하고 주저하면서, 때로는 방어적으로 굴면서, 자존심을 내세우면서 그렇게 아등바등 살아간다. 삶을 살아갈수록 점점 더 지쳐가는 느낌이다. 이제부터라도 솔직하고 담백하게, 있는 그대로 편안하게 살아가고 싶다. 자랑할 것도 없고 숨길 것도 없이, 있으면 있는 대로 척하지 않고. 대단한 사람이 되려고 양손에 이것저것 꽉 쥔 채로 살고 싶지도 않다. 내려놓아야 할 것은 내려놓고, 버려야 할 것은 미련 없이 버리고 싶다. 내 삶에 정말 필요한 것과 쓸모없는 것을 구분하면서 단순하고 담백하게 삶을 살아가고 싶다."

난 그녀의 말에 격하게 공감했다. 우리가 왜 담백한 인생을 살고 싶어 하는지, 왜 좀 더 가볍고 단순한 삶을 꿈꾸는지에 대해 그 이상 더 깔끔한 정리가 없다는 생각에서였다. 난 이 책에서 그에 대한 해답을 내놓고자 나름의 노력을 기울였다.

아마 살면서 이런 생각을 한두 번이라도 안 해본 사람은 없을 것이다. 그런데도 여전히 실천하지 못한 채 전전긍긍하며 살아가는 데에는 다 이유가 있다. 지속적인 노력과 변화가 필요하기 때문이다.

우리가 인생을 살면서 실체를 잘 모르고 엄벙덤벙 시작하는 것들이 몇 가지 있다. 그중에서도 우리 인생에 가장 큰 영향을 미치는 것이 인간관계다. 실패하고 나서야 비로소 깨달음을 얻는 것 역시 인간관계가 아니던가. 누구나 성공하고 싶어 하지만, 그것이 얼마나 어려운지 알고 고민하고 공부하는 사람도 적다는 것이 인간관계의 한 특성이다. 결과적으로 한 가지 분명한 것은 인간관계 역시 꾸준한 자기 훈련이 필요하다는 사실이다.

중국 유머집에 아주 재미난 이야기가 나온다. 선하고 성실한 사람이 있었는데 그는 너무 가난했다. 그의 사연을 들은 옥황상제가 직접 관찰해보니 소문대로 정말 성실하고 착한 사람이었다. 옥황상제는 그를 도와주기로 결심한다. 그리하여 그가 매일 다니는 길목에 금덩어리를 던져놓았다. 하지만 매일 오가서 눈을 감고도 갈 수 있는 길인지라 그는 주변을 둘러볼 생각조차 하지 않았다. 안타까운 마음에 한 번 더 기회를 주기로 결심한 옥황상제는 이번에는 그의 수레 앞에 금덩어리를 던져놓았다. 그런데 이번에도 그는 수레 앞에 무엇이 있는지 살피지도 않고 힘겹게 수레를 밀고 가버렸다. 그 모습을 본 옥황상제는 머리를 흔들면서 한마디 했다.

　"할 수 없구나. 그냥 가난한 채로 살아야지."

　이 이야기는 성실하지만 변화하려고 노력하지 않는 사람들에 관한 비유다.

인생을 좀 더 가볍고 단순하고 명쾌하게 살고 싶다면, 우린 변화해야 한다. 그 누구도 눈치 보고, 불필요하게 마음 쓰고, 걱정만 하면서 아등바등 살고 싶어 하지 않으려 한다. 그런데도 여전히 우리는 그런 상황에서 벗어나고자 노력하지 않는다. 더욱이 우리는 변화할 사람이 내가 아니라 상대방이라고 생각하기까지 한다. 그리하여 상대를 애써 바꾸기 위해 이것저것 요구하면서 압력을 넣는다. 하지만 반드시 알아야 한다. 내가 바꿀 수 있는 사람은 이 세상에 오직 나 자신뿐이라는 것을 말이다.

이 사실을 받아들이고 수단과 방법을 가리지 말고 스스로 변화하고자 노력해야 한다. 말처럼 쉬운 과정은 아니다. 하지만 포기하지 않고 한 걸음씩 옮겨놓다 보면 머지않아 기쁘게 이런 말을 할 날이 올 것이다.

"아등바등하던 날들이여, 이젠 안녕!"

담백한 삶을 위한
마음 에너지 체크 리스트

	그렇다	아니다
아침에 일어나면 오늘 하루가 주어진 것에 감사한다.		
인간관계에서 갈등은 있을 수밖에 없다고 생각한다.		
* 문제가 생기면 일단 피하고 싶다.		
성공한 사람은 그럴 만한 이유가 있다고 생각한다.		
* 남과 나를 자꾸만 비교하게 된다.		
* 내 마음에 안 드는 사람은 꼭 고쳐주고 싶다.		
* 상대의 의견보다는 내 생각대로 해야 직성이 풀린다.		
* 일이 진행되지 않으면 불안하다.		
마음에 짜증이 느껴지면 해결 방법을 찾으려 한다.		
아침에 운동을 하거나 마음을 정리하면서 하루를 준비한다.		
다른 사람의 의견을 경청하려고 노력한다.		
남의 평가에 상처받지 않으려고 노력한다.		
사람들은 남에 대해 이야기하기를 좋아한다고 생각한다.		
어느 모임에서나 주목받지 않아도 괜찮다.		
편하게 만날 수 있는 친구가 있다.		
외모에 집착하지 않고 건강이 중요하다고 생각한다.		
간이 센 음식보다는 건강한 음식을 먹으려고 한다.		
잠을 잘 자는 편이다.		

	그렇다	아니다
의견을 말해야 할 때에는 명확하게 표현하려고 노력한다.		
다른 사람이 주는 선물을 감사하게 받는다.		
* 목표에 도달하지 못하면 초조하고 우울해진다.		
* 늘 완벽한 모습을 보여야 사랑받을 수 있을 거라 생각한다.		
내가 선택한 일의 결과는 책임져야 한다고 생각한다.		
남을 원망하거나 비난하지 않으려고 노력한다.		
인간관계가 편하지만, 때로는 불편할 수도 있다고 생각한다.		
혼자 있어도 마음이 편안하다.		
* 다른 사람을 좀처럼 믿기 어렵다.		
* 작은 일에도 짜증이나 화가 자주 난다.		
* 나에게 상처 준 사람에게 꼭 돌려줘야 한다고 생각한다.		
* 무시당하거나 자존심이 꺾이는 일은 참을 수 없다.		

'그렇다'에 1점씩 주되, * 표시가 된 문항만 '아니다'에 1점씩 줍니다.
그 합을 30으로 나누어 다시 100을 곱해 점수를 내보세요.

75점 이상: 마음 에너지를 발휘할 수 있는 잠재 능력이 충분히 우수합니다.
65~75점: 기본적으로 담백하게 살 수 있는 마음 에너지를 갖고 있습니다.
65점 이하: 담백한 삶을 위해 약간은 더 노력할 필요가 있습니다.

담백하게 산다는 것

초판 1쇄 인쇄 2018년 10월 8일
초판 8쇄 발행 2024년 1월 17일

지은이 양창순
펴낸이 김선식

부사장 김은영
콘텐츠사업본부장 임보윤
책임편집 임보윤
콘텐츠사업1팀장 한다혜 **콘텐츠사업1팀** 윤유정, 성기병, 문주연, 조은서
마케팅본부장 권장규 **마케팅2팀** 이고은, 배한진, 양지환 **채널2팀** 권오권
미디어홍보본부장 정명찬 **브랜드관리팀** 안지혜, 오수미 김은지, 이소영
뉴미디어팀 김민정, 이지은, 홍수경, 서가을, 문윤정, 이예주
크리에이티브팀 임유나, 박지수, 변승주, 김화정, 장세진, 박장미, 박주현
지식교양팀 이수인, 염아라, 석찬미, 김혜원, 백지은
편집관리팀 조세현, 백설희 **저작권팀** 한승빈, 이슬, 윤제희
재무관리팀 하미선, 윤이경, 김재경, 이보람, 임혜정
인사총무팀 강미숙, 지석배, 김혜진, 황종원
제작관리팀 이소현, 김소영, 김진경, 최완규, 이지우, 박예찬
물류관리팀 김형기, 김선민, 주정훈, 김선진, 한유현, 전태연, 양문현, 이민운

펴낸곳 다산북스 **출판등록** 2005년 12월 23일 제313-2005-00277호
주소 경기도 파주시 회동길 490
전화 02-704-1724 **팩스** 02-703-2219 **이메일** dasanbooks@dasanbooks.com
홈페이지 www.dasan.group **블로그** blog.naver.com/dasan_books
종이 스마일몬스터 **출력** 상지사 **후가공** 평창피앤지 **제본** 상지사

ISBN 979-11-306-1948-4 (03180)

- 책값은 뒤표지에 있습니다.
- 파본은 구입하신 서점에서 교환해드립니다.

다산북스(DASANBOOKS)는 독자 여러분의 책에 관한 아이디어와 원고 투고를 기쁜 마음으로 기다리고 있습니다.
책 출간을 원하는 아이디어가 있으신 분은 다산북스 홈페이지 '투고원고'란으로 간단한 개요와 취지, 연락처 등을 보내주세요.
머뭇거리지 말고 문을 두드리세요.

건강한 인간관계를 위한
양창순 박사의 명저

나는 까칠하게 살기로 했다
상처받지 않고 사람을 움직이는 관계의 심리학

356쪽 | 15,000원

최고의 인간관계 전문가 양창순 박사가 전하는 '건강한 까칠함'의 힘. 양창순 박사는 이 책에서 다양한 임상 사례와 심리학 이론을 통해 자존감을 지키면서도 사람의 마음을 움직이는 5단계 솔루션을 풀어냈다. 인간관계에 대한 두려움을 없애주는 건강한 까칠함을 통해 우리는 언제나 스스로를 당당하게 표현하는 힘을 얻을 수 있을 것이다.

나는 외롭다고 아무나 만나지 않는다
사랑이 힘든 사람들을 위한 까칠한 연애 심리학

284쪽 | 15,000원

어떤 순간에도 자존감을 잃지 않는 현명한 사랑법. 수많은 청춘남녀의 고민으로 만들어진 이 책은 감정에 휘둘리지 않고 건강한 연인 관계를 맺기 위한 지혜를 들려줌과 동시에, 설령 사랑을 잃더라도 나 자신만큼은 굳건히 지켜내는 성숙한 마인드를 전한다.